二战经典战役纪实

偷袭珍珠港

THE PEARL HARBOUR ATTACK

二战经典战役编委会·编译

中国铁道出版社有限公司
CHINA RAILWAY PUBLISHING HOUSE CO., LTD.

前言 | 偷袭珍珠港

The Pearl Habour Attack

　　1940 年春夏之际，希特勒以"闪电战"横扫西欧，荷兰和法国相继败降，英军退守英伦三岛，美国仍持孤立主义在大洋彼岸置身事外。日本帝国统治者为了建立他们梦寐以求的所谓"大东亚共荣圈"，南下太平洋成了日本最重要的战略目标，而美国则是他们实现这一梦想的一大障碍。

　　1941 年初，为了摧毁美太平洋舰队主力，日本海军联合舰队司令长官山本五十六大将进行了初步的谋划。珍珠港是当时美国在太平洋上最大的海军基地，也是美国太平洋舰队的主要驻扎地，这样，珍珠港就成为日本攻击美国太平洋舰队的聚焦之地。1941 年 2 月，山本指示第 11 航空舰队参谋长大西泷次郎海军少将，秘密制订出一个初步的作战计划草案，后者又把任务交给舰队参谋源田实海军中佐。源田制订了一套可行的方案提交给山本，山本对其作了一些充实和修改，并正式将其命名为"Z 计划"。但是该计划具有极大的冒险性，山本力排众议，甚至不惜以辞职相威胁，最终，日本海军军令部不得不批准了"Z 计划"。

　　在诸多准备基本就绪后，11 月 5 日，山本根据军令部的指示下达了"联合舰队绝密第 1 号作战命令"，下令对珍珠港发动袭击。在 24 小时内，山本又发布了第 2 号命令，初步确定袭击时间为 12 月 8 日，星期日，凌晨 3 时 30 分（东京时间。夏威夷时间为 12 月 7 日，星期日，上午 8 时）。

　　美国对日本的偷袭行动并非全不知情，美国利用"魔术"解码破获了日本许多重要的情报，而且在开战前，美国的"华德"号军舰还击沉了一艘日本小型潜艇，美国的雷达站也曾发现日机来袭，但是由于一系列的错误判断，美军没有采取积极的措施，致使日军突袭成功。

　　12 月 7 日早上 6 时，南云机动部队接到了进攻命令，担任第一波攻击任务的 183 架飞机立即在渊田美津雄海军中佐的率领下，扑向珍珠港。

　　此时，美军太平洋舰队停泊在珍珠港内的舰船计有战列舰 8 艘、重巡洋舰 2 艘、轻巡洋舰 6 艘、驱逐舰 29 艘、潜艇 5 艘、辅助舰船 30 艘，岸上机场停有飞机 262 架。

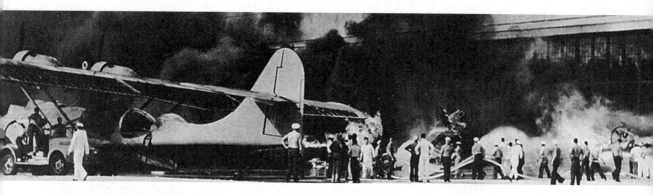

另有 2 艘航空母舰、8 艘重巡洋舰和 14 艘驱逐舰因有任务而不在珍珠港。由于是星期天，大部分官兵离开了战斗岗位，整个珍珠港呈现出一派假日景象，没有一点戒备。

7 时 49 分，渊田美津雄命令报务员发出突击信号，各飞行突击队立即展开攻击队形，7 时 55 分（预定时间为 8 时，提前了 5 分钟），成批炸弹暴雨般倾泻到美太平洋舰队基地四周的希凯姆机场、惠列尔机场和福特岛机场，将机场上成比翼排列的数百架美机炸成一堆堆废铁，摧毁了机库。仅仅几分钟，日本人彻底炸掉了珍珠港的防空设施。渊田在他的座机上观察了美国人挨炸的情况后，向"赤城"号航空母舰上的南云拍发了袭击成功的信号：虎！虎！虎！此时，一直在"长门"号上焦急等待消息的长官山本五十六和他的参谋们顿时如释重负、欣喜若狂。7 时 57 分，日本鱼雷机从几个方向突入，向福特岛东西两侧的美国军舰发射鱼雷。8 时 05 分，日本水平轰炸机从正西方向进入，再次轰炸了福特岛东侧停泊的战列舰，同时轰炸了高炮火力集中的伊瓦机场。不少美国军舰还来不及作战斗准备就沉入了海底。8 时 40 分，第一攻击波攻击结束，日机顺利完成首次空袭任务后安然返航。

日军担任第二波攻击的 168 架飞机，于 7 时 15 分起飞，8 时 46 分展开攻击队形，从瓦胡岛东部进入，8 时 55 分开始攻击，俯冲轰炸机主要攻击美国舰船，水平轰炸机则继续攻击各机场，战斗机在空中掩护。与此同时，潜入港内的日本袖珍潜艇施放水雷，发射鱼雷，攻击美舰，封锁港口。

这是一场海上、水下、空中，闪电式的立体袭击战，山本五十六一战成名。此次偷袭也揭开了太平洋战争的序幕。

日本虽然在战术上取得了一定胜利，但是在战略上却犯了严重的错误，挑战了一个它无法战胜的强大国家——美国，更重要的是，它在道义上遭受惨败，与世界上所有爱好和平的国家和人民为敌，这注定了等待它的只有失败和耻辱。

战役备忘 | 偷袭珍珠港
The Pearl Habour Attack

罗斯福 | Franklin D. Roosevelt

昨天，1941 年 12 月 7 日，将成为我国的国耻日……我要求国会宣布：……美国同日本已经处于战争状态。

东条英机 | Hideki Tojo

皇军军纪之核心，在于对大元帅陛下绝对顺从之崇高精神……生而不受俘囚之辱，死而勿遗罪祸之污名。

丘吉尔 | Winston Churchill

我并不擅自以为已经精确地衡量过日本的武力，但是现在，就在这个时刻，我知道美国已经完全和拼命到底地投入了这场战争。

山本五十六 | Isoroku Yamamoto

事实已经证明，未对珍珠港实施第二次袭击是一个极大的错误。

★ 战争结果

珍珠港之战，日军以损失飞机 29 架、潜艇 1 艘和特种潜艇 5 艘，死伤约 200 人的微小代价，击毁击伤美军各型舰船总计 40 余艘，击毁飞机 265 架。美军伤亡惨重，总计 2,403 人阵亡，2,097 人受伤。日本奇袭珍珠港，不仅宣告美国推行多年的绥靖政策彻底失败，而且标志着世界反法西斯战争进入了一个新的阶段。

★ 战役之最

a. 第二次世界大战太平洋战争的开始。b. 第二次世界大战中美国损失最惨重的战役。c. 第二次世界大战偷袭战中最成功的战役之一。

★ 作战时间

1941 年 12 月 7 日。

★ 作战地点

美国夏威夷群岛瓦胡岛珍珠港。

★ 作战国家

★ 作战将领

美 国

美军太平洋舰队停泊在珍珠港内的，包括美军太平洋舰队的旗舰"宾夕法尼亚"号战列舰在内的 20 余艘军舰遭到偷袭。

金梅尔 | Husband E.Kimmel

美国海军上将。1917 年 10 月赴伦敦任英国皇家海军教官。1923 年 12 月任驱逐舰舰长，后任驱逐舰分队司令。1937 年 11 月晋升为海军少将。1939 年任巡洋舰分舰队司令。1941 年 12 月晋升为海军上将，升任太平洋舰队总司令。珍珠港事件后卸任。1942 年 3 月退休。

日 本

参加袭击的兵力主要有 6 艘航空母舰、舰载机 400 架、2 艘战列舰、3 艘巡洋舰、9 艘驱逐舰、3 艘潜艇、5 艘特种潜艇。

山本五十六 | Isoroku Yamamoto

日本海军元帅。1936 年任海军省次官。1939 年任联合舰队司令官，参与并指挥了袭击美国珍珠港。1940 年被授予海军大将军衔。1943 年 4 月，乘飞机巡视拉包尔、肖特兰等岛屿时，出巡行动密电被美国破译，飞行中被美空军截击，座机中弹，机毁人亡。死后被日本政府追认为海军元帅。

★ 战争意义

日军袭击珍珠港，给美国太平洋舰队以重创，使美太平洋舰队在一段时期内难以进入南太平洋，从而在太平洋上掌握了制海制空权，为进攻菲律宾、马来亚和荷属东印度创造了条件。日本袭击珍珠港，对战争局势和国际关系产生了深远的影响，从此拉开了太平洋战争的帷幕。战役的次日，美英对日宣战。第二次世界大战的范围迅速扩大，真正演变成为了世界规模的大战。

作战示意图 | 偷袭珍珠港
The Pearl Habour Attack

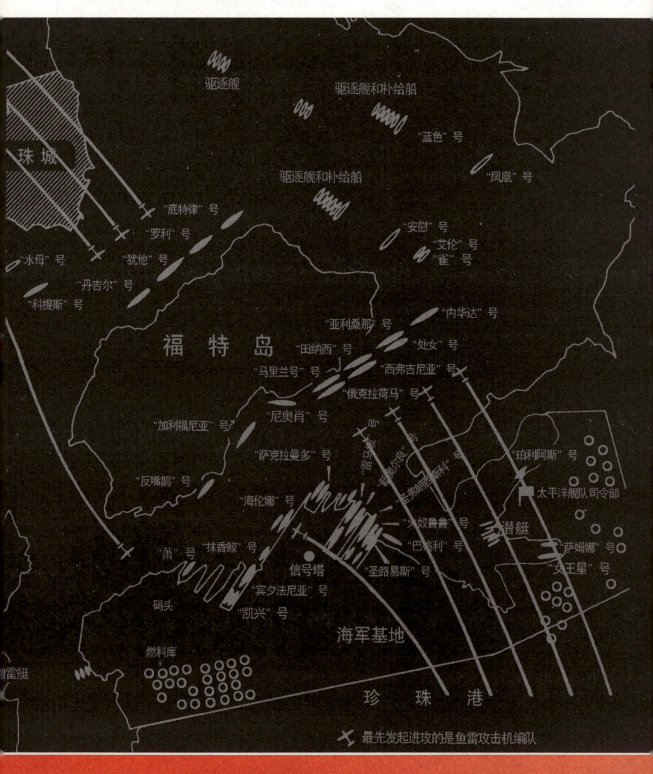

美军机场

第 1 攻击波　第 2 攻击波

12 公里

7:40

8:50

45

本军队的攻击结束

36 架战斗机

54 架水平轰炸机

哈雷瓦机场

45 架战斗机

81 架俯冲轰炸机

54 架俯冲轰炸机

瓦 胡 岛

40 架鱼雷机

惠勒机场

卡内欧黑机场

珍珠港

50 架水平轰炸机

伊瓦机场

希卡姆机场

贝罗斯机场

火奴鲁鲁

太平洋

目 录 | 偷袭珍珠港
The Pearl Habour Attack

第一章

日本不惜一战

　　1941 年 6 月 22 日，德国入侵苏联，整个国际形势发生重大转变，各国无不根据新的形势重新审查自己的对外政策方针。日本深陷侵华泥潭，国内经济危机加剧。为争取必需资源，日本否决"北进"计划，采纳东条英机的"南进"攻势，为达到目的，不惜对英美一战。南进计划严重损害了美国利益……美日矛盾已不可调和，日本骑虎难下，只有战争一途。

No.1 日美矛盾凸显

1941 年的夏天，也许是 20 世纪最炎热的夏天，不论是在美国，在欧洲，在日本，还是在世界其他地方。

一场空前的巨大风暴正在以惊人的速度席卷着整个欧洲，将这片大陆上的一个个国家纷纷卷入到纳粹的铁蹄之下。6 月 22 日，德军突然入侵苏联，苏德战争爆发。在这个具有历史意义的时刻，在 6,000 门大炮雷霆般的轰击下，德国坦克和步兵如潮水般涌进苏联边界。苏联在德国 300 万大军的猛攻下丧师失地，在短短十几天的时间里，德军便突破苏联边界 600 公里。疯狂压倒了理智，野蛮征服了文明，人类文明受到空前威胁，反法西斯战争使整个国际形势发生重大转变，战争的阴云也使世界上每个国家都无法独善其身，各国无不根据新的形势重新审视对外政策方针。

虽然这场风浪正逐渐在欧洲和亚洲形成一个巨大的漩涡，吞噬着每一个国家，但是在千里之外的美国，却依然平静而繁荣。战争的阴云似乎还完全没有侵袭到这片广袤的土地，宽阔的海洋就像一道巨大的屏障，保护着美国的繁荣和安定。只是，这道屏障究竟还能维持多久？

美国首府华盛顿，天气异常闷热，空气中没有丝毫微风在吹动，而在白宫美丽的穹顶下，此时却有一个人内心正掀起狂风巨浪，他就是弗兰克林·罗斯福。

年近六旬的他此时几乎已快登上人生的顶峰。对于一个因小儿麻痹症而行动不便的人来说，他今天所取得的成就已足以让他载入史册。而他能取得今天的成就，很重要的一个原因就是他不屈不挠的精神，就像个船长一样，他正引导着美国这艘大船克服重重危机，驶向光明的未来。可是此时，多年的政治生涯和敏锐的洞察力告诉他，一场异乎寻常的巨大风浪正在前方若隐若现，美丽的天空后面似乎是无尽的阴霾。经验告诉他，如果成功穿行过去，他将成为美国的英雄，一个堪与华盛顿和林肯媲美的英雄，同时他也会成为一个世界的英雄，一个拯救了世界的英雄；如果失败，那么他带领的这艘美国大船将和整个世界一起，沉入无尽的黑暗和鲜血之中。而此时，在华盛顿，在整个美国，却没有几个人有他这样的担忧、有他这样的洞察力。这也难怪，美国的经济在他的带领之下正缓慢、但不断加速地从经济大萧条的泥潭中腾飞，此时的美国，也几乎恢复到了大萧条前的繁荣和富足，大战的阴霾并没有打乱这个距战场万里之外的美丽国家，反而使它益发显得像个世外桃源。虽然此时在大西洋上，美国回航舰队正遭受到德国潜艇日益严重的威胁，但从总体而言，战争却给美国带来了无限的商机，它正成为世界工厂，源源不断地为世界提供着工农业产品、武器弹药和能源。

▲ 1941 年月 22 日，德军入侵苏联，苏德战争爆发。

▲ 美国国务卿赫尔（左）与驻美大使格鲁交谈。

▲ 东条英机派遣来栖三郎（左）作为"和平特使"访美，协助野村大使（右）对美谈判。

此时让罗斯福感到心烦意乱的不是那个长着小胡子的疯子——希特勒，至少目前还有英国和苏联在遏制这个疯子的疯狂脚步，让他感到颇为心烦的是另一个国家，一个几乎大多数欧洲人都无法理解的国家——日本。此时，日本正在东亚和东南亚疯狂扩张，势头无人可挡，英法等国自身难保，更无力捍卫自己的殖民地，而美国此时孤立主义盛行，严重制约着罗斯福采取必要的手段去遏制日本咄咄逼人的攻势。

他低头看了看桌上的报告，这是美国国务卿赫尔刚才送过来的。赫尔刚刚结束了和日本驻美国大使野村吉三郎的新一轮会谈，此前的 60 多次美日两国政府会谈都无果而终，新一轮的谈判却还在毫无生气地进行着。

美日争端由来已久。早在 19 世纪末期，日本就开始与美国争夺亚洲和太平洋地区的霸权。说来也很具有讽刺意义，打开日本国门，使得它走向海洋、走向世界的竟然是美国人，这段历史很少有人提起。这个美国人就是马修·培里将军，当他 1853 年叩开了紧锁着的日本门户之后，一批开明且精力充沛的日本人，自此跃入了一个以实力、以海权为主的世界。他们推翻幕府，建立了君主专制和资本主义相结合的政体。日本人从此一直相信，既然必须在这个世界上存活下去，那就应该活得很好。为此，日本必须具备世界第一流的海军。就这样，美国人马修·培里将军可以说无意间成为现代日本帝国海军之父，而这群他一生都看不懂的门徒子孙，却在百年之后痛击了他自己的子孙。这也许是命运给美国和日本开的众多玩笑中的一个，也许是第一个。

日本人醉心于向外扩张，即使第一次世界大战尚未爆发的时候，日本也已经视美国海军为日本在太平洋最主要的对手。经过多年的苦心经营，到 1941 年，日本军舰在质和量上都已经可以与美国在太平洋上相抗衡，而且日本舰艇在武器与重量方面甚至还略胜美国舰船一筹。此时的美国上下，在经历了一战的血雨腥风之后，普遍对战争抱有本能的排斥和厌恶心理。罗斯福也不希望美国卷入战争，并企图在未来诡谲的年代避免战争。但是，由于他在海军部任职多年，他不得不时时地考虑战争的可能性。从 1933 年起，罗斯福一直致力于对抗日本的活动，他从事这些活动多是谨慎而静悄悄地进行，免得公众惊慌。他倾向于禁运作战物资，并支持建设海军，以便帮助国家复兴并在军事上同日本抗衡。虽然他的活动都是谨慎而且静悄悄的，但是控制着参议院的孤立主义者还是给了他诸多的限制。因此，在公开场合，他总是避免对日采取强硬路线，并将执行这种消极路线的责任交给了国务院。

罗斯福又一次拿起这份报告。其实，不用看他也知道谈判的结果是什么，他对这次谈判特别关注，并且还亲自召见过日本谈判代表野村，警告日本不要继续向荷属东印度推进。他还表示愿意以石油换取印度支那的中立化，维持太平洋的和平。但是由于双方在根本利益上的尖锐矛盾，虽然屡经谈判，但在谈判桌上依然唇枪舌剑，谁也不肯退让半分。

刚才，赫尔前往白宫，向他提交了这份谈判报告并汇报了谈判情况。赫尔竭力要求罗斯福对日本实行禁运，以示报复，罗斯福却依然犹豫不决。不是他不明白现在美国和世界所面临的严峻形势，也不是他不想采取行动，只是国内重重的反战声浪使他无法采取进一步的行动。他曾宣布召开修改中立法的国会特别会议，但是，在参议员博拉、克拉克、范登堡以及库格林神甫和查尔斯·林白上校的领导下，孤立主义者针对修改中立法掀起了一场全国性的攻势，仅仅在 3 天之内，就有 100 万份电报和信件涌向国会。而且，让他无法贸然采取行动的最主要原因是民意：最新的民意调查显示，尽管有 80% 以上的公众同情交战中的盟国，有 50% 至 60% 的公众一贯赞成援助英法，但大多数人都明确表示希望美国避免参战。

但是，目前的形势却是已经到了非采取行动不可的时候了。7 月 17 日，日本电告日本驻法国大使，不管维希政府持何态度，日本军队将于 7 月 24 日开进南部印度支那。7 月 28 日，日本不顾美国一再强烈反对，悍然在印度支那南部登陆，随即占领了西贡和金兰湾。日本此举大大激怒了美国，赫尔竭力劝说罗斯福对日本实行新的禁运，以示报复。

"是该采取行动的时候了！"罗斯福一拳重重打在桌上，好像它是日本一样，他大声喊道："不能再让他们为所欲为了。"

他迅速按下了桌上的铃，秘书推门而入，问道："总统先生，有什么事吗？"

罗斯福激动地说："马上通知媒体，在白宫召开新闻发布会，我有事情宣布。"

半个小时之后，在白宫的新闻发布办公室里，记者们已经各就各位，还在疑惑地交头接耳，相互询问总统要宣布什么事情。

罗斯福缓缓走上讲台，他没有乘坐轮椅，每当有重大事情要宣布的时候，他都会自己站起来宣布。他清了清嗓子，平静地说："女士们，先生们，欢迎你们。"

停了停，罗斯福又继续说道："今天，我召集各位前来是要宣布，我将下令冻结日本在美国的所有资产，并且完全停止对日本的石油输出。我们还将有一系列的后继措施出台，以遏制日本在东亚和东南亚的进攻，维持该地区的和平与稳定。"会场上立刻像炸开了锅似的。《华盛顿邮报》的记者腾地一下站了起来，大声说："总统先生，你知道这意味着什么吗？日本人会以为我们要开战了。"

罗斯福微微抬起了头，环顾四周，抬起手平息了会场的喧闹，然后坚定地说："如果日本人置若罔闻，等待他们的还有更严重的后果。"说完，他转身坐上轮椅，离开会场。身后，记者蜂拥过来，叫喊着："总统先生，有什么样的严重后果？""总统先生，你将采取……"随行人员随即挡住了这群记者。

是的，他现在只能采取这样的行动。罗斯福心想，这已经是他能采取的最严重的警告措施了，国会会批准的，他心里有底，但是他目前还无法采取进一步的措施。至于未来，他还在等待，等待一个时机，至于是个什么样的时机，他心里也并不清楚，只是理智告诉他还需要等待，等待，再等待。和罗斯福与美国的消极与犹豫不同，在太平洋的另一端，却是另一番景象。罗斯福的决定对于日本而言，无疑是致命的，因为日本是个小小的岛国，资源极为缺乏，所以极其依赖国外的资源，而美国的这一做法无异于釜底抽薪。为了获得荷属东印度年产量 800 万吨石油的油田，南洋占世界年产量 78% 的橡胶，占世界年产量 67% 的锡，以及铁、铝、大米等资源，日本将不惜一战。

No.2 "南进"还是"北进"

1941 年 6 月的苏德战争爆发，在日本同样掀起了轩然大波。日本国内上下也在呼吁采取新的行动："德国人动手了，我们也该采取行动！"德国对苏联的进攻解除了苏联对日本北方的威胁，消息传来的时候，日本军阀摩拳擦掌，蠢蠢欲动。是南进，还是北进？日本统治集团内部再度掀起了争吵。

以外相松冈洋右和关东军为主的一派，认为这是千载难逢的好机会，主张立即实施北进，配合德国出兵苏联，在隆冬到来之前夺取西伯利亚。以近卫首相和包括陆海相在内的军部实力派，则主张利用苏德战争解除了日本北方受牵制之机，大举南进。在争论不休之下，从6月25日至7月1日，政府和大本营召开了6次联合会议，讨论海军和陆军制定的"南进"计划，松冈不顾众人的反对，大唱"北进"的调子，引起了激烈的争吵。经过激烈论争之后，7月2日，天皇主持召开御前会议，作最后的裁定。

7月的日本和美国一样格外炎热，但是比起皇宫外炎热的天气，皇宫内的气氛似乎更炎热一些。以松冈为首的一小派人马依然坚持"北进"，夺取西伯利亚，而首相和陆海相则表示坚决反对，双方争吵不休。裕仁天皇以此刻应有的庄重态度，身着大礼服，面无表情地端坐在上席。"面无表情、不露声色"一向是他的撒手锏，经历了多年的宫廷生涯和政治斗争，他的地位能够一直巍巍不倒，而且形象日益神化，这是一个很重要的原因。他深知韬光养晦、深藏不露的重要性，就是凭借这种高深莫测，他被国民和军队日益看做是真神，他也能始终执掌国家和军队真正的大

▲东条英机在检阅日本军队。

权；而同样是这种"神龙见首不见尾"的风格，使他能逃过战后一劫，而把战争的惩罚留给自己的部下去承担，把战争的苦难留给自己的臣民去体味。

松冈还在慷慨陈词，他说："德国已经要求日本参战，英雄善于回头，我辈以前曾讲过南进论，但今天必须立刻转向北方。"

陆军参谋总长杉山元不满地对松冈说："外相阁下，目前，日本将重兵用于中国，北进实际上不可能。"

在座的海陆军将领都不由得点点头。确实如此，日本此时正深陷于中国战场拔不出脚来，它能获取的战略物资越来越难以应付战争中的大量消耗，因此，近卫首相和海陆军实力派人物才坚持要夺取物资资源丰富的东南亚，以战养战，利用美国的犹豫和害怕爆发太平洋战争的心理，首先"南进"。其实日本也不想放弃北方，只不过企图先让希特勒为它火中取栗，等待削弱苏联实力后再坐享其成。

海相及川古志郎大将也应声附和道："我大日本皇军虽所向无敌，但目前时机不宜再招惹苏联。"

近卫首相沉吟片刻，然后不急不慢地说："对陆相和海相的意见，我深表赞同。我国目前的方针依然应该是先夺取印度支那南部，割断中国南方的国际通道，拖垮中国；进而占领泰国、荷属东印度、马来亚诸地，夺取石油、橡胶、锡和大米等资源，建立自给自足的军事基地，以支持一场与美英争夺太平洋霸权的战争。"

"是啊，首相所言甚是。"

"北进对我实属不利，主张北进者滚出去。"

"首相，请决断吧，我等不惜与美一战。"

会场里沸沸扬扬，纷纷要求实施"南进"计划。

眼看主张"南进"的实力派占了上风，而天皇和首相显然也赞同继续"南进"，松冈等人默不作声，低头不语，琢磨着如何联络更多的势力支持"北进"。

近卫环顾四周，整了整衣冠，故作凝重地说："好，既然在座各位同仁都已无异议，鄙人将宣读会议决定。"

他掏出早已准备好的决定——《适应形势演变的帝国国策纲要》，朗声读道："帝国将坚持建设大东亚共荣圈的计划，以南进为首要任务，为获得南方丰富的战略资源提供可靠的保障，其中，首要的是处理中国事件。"

"总之，"近卫腾身而起，大声说，"为了达到向南方扩张的目的，必须排除任何障碍，并不惜与英美一战，以死效忠天皇陛下。"

在座的所有人齐身站起，热血激昂地高喊："愿誓死效忠天皇陛下。大日本帝国万岁！"就这样，一场冗长的辩论宣告结束，日本朝全面战争的方向又迈出了一大步。

在离开会场时，与会人员明显分成了三股鱼贯而出。在日本，当时能够参与最高决策的首脑相互之间意见很不一致，大致分成三种意见。走在最前面的是松冈和日本陆军皇道派的领袖荒木贞夫大将等人，他们都是北进派，在提议一再遭到否决的情况下，他们感到格外愤愤不平，一边走出会场一边大声表示不满。

走在中间的是近卫首相和海相及川古志郎大将等人，他们虽然倾向南进派，但依然主张对美国外交要继续谈判，不能轻易对美宣战，他们属于骑墙一派，不仅北进派不满他们的中立立场，就连南进派也对他们的无所作为大为不满。

走在最后的人最为趾高气扬，因为他们才是此次会议的最大赢家，其中最为飞扬跋扈的就是陆相东条英机。正是他，推动近卫内阁通过了《基本国策纲要》，提出了建立在日本领导下的"大东亚新秩序"；也正是他，一手炮制了这个基本国策，并说服近卫首相和内阁中其他文官，使这些人相信，在混乱的现代世界上，这是日本"求得生存的最后希望"。

No.3 东条英机上台

时年 57 岁的东条英机是日本法西斯军阀巨头，军事法西斯政治的推行者，侵华战争和太平洋战争的主要战犯之一。他效忠天皇，办事专断，强调"闪电"效率，有"剃刀将军"的绰号，又在侵华战争中"屡建功勋"，深得天皇和日本统治集团的赏识。其实世人所说的日本皇军的现代武士道精神，也是由东条等人一手炮制并大力推行开的。

1941 年 1 月 8 日，东条英机为使日军官兵在"大东亚战争"中死心塌地地充当炮灰，在陆军阅兵式上向全军发布了他制定的《战阵训》。《战阵训》的"本训"强调"我国体之本义"，指出"皇军军纪之核心，在于对大元帅陛下绝对顺从之崇高精神"，并称是"神灵在上"赋予天皇的绝对权利。《战阵训》宣扬军国主义武士道精神，要求日本军队效忠天皇，要"命令一下，欣然投身于死地"。他号召全军为天皇敢于战死，发扬武士道精神，"生而不受俘囚之辱，死而勿遗罪祸之污名"。就是在他的欺骗和鼓动之下，日本军人表现出了人类少有的兽性，残酷地荼毒东亚和东南亚的大地和人民。

德军闪电般大举攻入苏联领土，连战告捷。以东条为首的日本军国主义分子认为这是天上掉下来的大好良机，急于攻占新加坡。

这时，在华盛顿，日美正在进行外交谈判，如果进攻新加坡，日美外交交涉就会决裂，便要冒日美开战的危险。是否可以轻举妄动，近卫首相犹豫不决，海军也犹豫逡巡。

于是，在战胜了北进派之后，以东条英机为首的好战分子又对首鼠两端的近卫内阁产生极大的不满，开始酝酿推翻主张和谈的近卫内阁。

东条及其部下在公开和私下场合都对近卫进行攻击。他们不仅对他提出种种批评，而且于9月18日对他进行人身袭击。当近卫正要离开郊区别墅所在地荻洼的时候，四名身带匕首和军刀的暴徒，跳上汽车两旁的踏板。由于车门紧锁，凶手们还来不及砸碎玻璃就被便衣警察抓走了。

10月12日，日本高层召开了决定战与不战的历史性五相会议。这天，正是近卫首相50寿辰。会场气氛分外紧张，近卫还想作最后的努力，压制住东条等好战派，也保住自己的相位。

近卫首相首先表示："诸位，如果某些条件可以变更，日美外交交涉的希望还是有的。"他说，不管做出什么选择，都得立刻做出。"两种办法都是危险的……那么，我赞成谈判。"

丰田外相也随声附和，表示赞同。

东条把脸转向丰田，用讥讽的口吻问："外相先生，阁下对谈判有信心吗？从阁下发表过的高论看来，鄙人觉得阁下不能令陆军参谋本部信服。我倒想听听阁下是否有什么信心。"

"权衡两者，"近卫代外相作答，"我们选择谈判。"

东条气势汹汹，咄咄逼人："那不过是你的一厢情愿罢了……你说服不了陆军参谋本部。"

东条寸步不让，激烈反对首相的意见。他说，哪怕只是为了维持军队的士气，也需要一场战争。东条的话很像20世纪初日本进攻俄国之前有人说过的一句话："只要战争打响了，枪声就会把国民团结起来。"

东条把目光转向海相及川，讥讽地说："我想听听海相的意见，海相不会还是坚持懦夫的观点，认为只有和谈一条道路吧？"

众人的目光立刻都集中到了及川身上。现在是海相表示态度的时候了，及川海相却低头不语。会场的气氛一下绷紧了起来，变得一片寂静。丰田刚发完言，如释重负地低头喝了口茶，发出了一声响亮的啜茶声，在一片死寂的会场显得格外刺耳。他愣了一下，立刻羞赧地低下头，口中喃喃地道歉。

"海相，请表明态度吧！"东条忍耐不住大喝一声，腾地一下坐直了身体，重重地撞在身前的桌子上，把杯子撞得叮当作响，其他人赶忙借着扶杯子来掩饰心里的不安。

及川不满地瞪了东条一眼，其实海军骨子里的想法是，不敢打没有胜利把握的仗，认为和美国和谈很有必要，认为对美国做出让步，从中国撤军是应该的，但又碍于面子，不

斯福总统要求国会修正中立法案，并给他足够的权力应对突发事件。

敢明说，所以一直吞吞吐吐，一味搪塞。眼看无法再搪塞下去，他慢吞吞地说："一切应由首相决定。"这样就回避了决定和还是战的责任。

他的话音一落，就给东条英机钻了空子："陆军没有改变9月6日御前会议决议的意志。到统帅部希望的日期为止，如果外交交涉仍然没有希望的话，就应该开战了。"他停了停，瞪着海相，咄咄逼人地说："海相刚才说战争与否应该由首相决定，我不那么认为，应该由政府和统帅部共同做出决定。我觉得外交交涉已经没有任何希望了。"

近卫当即说："战争能够胜利的自信心，我是没有的，目前，一切要依靠外交解决。如果说打仗，那就让有自信的人去办吧。"

除了东条，所有人都目瞪口呆地看着首相，首相的意思很清楚，他无力压制住东条这样的好战分子，在这决定日本命运的重要时刻，他准备撂下担子撒手不干了。东条立刻露出一副志得意满的神情，傲视与会众人。

丰田外相瞪大双眼，双手撑着面前的桌子，张着嘴想要说什么，却又颓然坐下。

1941年10月14日，又召开了一次五相会议。在会议上，外相和陆相意见对立，东

▼日本首相东条英机同出席签署轴心国协议的德国和意大利代表在一起。

条在会上要求内阁首相辞职。10 月 16 日 16 时，近卫打电话给内务大臣木户说，他已经收齐了内阁成员的辞职信。17 时，裕仁天皇召见近卫，接受了他的辞呈。这样，近卫内阁垮台，以大日本帝国的命运为赌注的最后抉择，就交给了下一届的东条内阁。

在东条进宫见驾谢恩时，天皇命令他"遵守宪法条规……陆海军要进一步密切合作"。这其中的含义就是开战的合作，天皇显然是支持东条内阁向英美开战的。

东条不是当独裁者或伟大领袖的材料。他既没有丘吉尔的雄才伟略，没有罗斯福的政治敏锐，没有希特勒的邪恶天才，也没有墨索里尼的外向型鲁莽，更没有斯大林的农民式精明，但他像大部分日本人一样，是经过严格训练的真正的工作狂，头脑敏锐却十分狭隘，为人凶狠做事却极为专注。可以说，东条是日本军部法西斯实行独裁统治的理想工具。日本官方的《日本时报和广告》在欢呼东条上台时也疯狂地咆哮说："日本是自身命运的主人，有为了自己国家安全而自由行事的权利。如果为此目的必须和美国打仗的话，它有这种力量、目的和计划。"

东条内阁的成立，表明日本对美战争只是一个时机选择的问题了。

美国听到这个消息，知道日本已经推出了担负战争使命的内阁，用赫尔国务卿的话来说就是："日本已经转动了战争的车轮。"10 月 17 日，东条上台，此时，日本已经坐在火药桶上。以后进行的外交谈判，只是玩弄外交手腕，虚晃一枪，为准备好作战部署拖延时间而已。

东条一上台，就急于开战。10 月 23 日开始，日本当局连续召开了 9 天的政府与大本营联络会议，围绕何时对美开战及谈判期限问题进行了激烈的讨论。直到 11 月 2 日凌晨，才最后取得一致。

11 月 5 日，日方眼看谈判成功无望，便在日本的御前会议上再次通过了《帝国国策施行要领》，决心对美、英、荷开战，并指令："发动武装进攻的时间定于 12 月初，陆海军应完成作战准备。"东条英机在此次会议上表明了态度："尽管对两年后战局的估计不明，但也要下决心开战。"会上还决定了日本同美国谈判的最后方案——甲、乙两案。《甲案》旧调重提，宣称可以答应美国关于对华贸易无差别原则的要求；日本可以从印度支那和中国撤军；同时日本表示参战与否由日本自行决定，但没有承诺不攻击美国。

而《乙案》则闭口不谈从中国撤军等问题，仅以日本从法属印度支那南部撤军为幌子，要求美国逼迫蒋介石投降、美国不得干涉日中和谈，日美恢复资产冻结以前的贸易关系、对日本供应石油、协助日本取得荷属印度支那的资源。这种种要求，无疑就是要由日本来独吞中国、称霸西太平洋。因而，美国对甲、乙两个方案都没有答复，而是向日本递交了《美日协定基本纲要》草案，即《赫尔备忘录》，要求日美两国保证双方恪守美国过去所主张的原则；提议缔结中、美、英、日、荷各国多边互不侵犯条约；要求日本政府从中国和法属印度支那撤出一切陆海空军和警察力量；要求日本废弃三国同盟条约。

美国把《赫尔备忘录》视为对日本的最后通牒，而它的内容又是日本根本不愿意接受的，解决冲突的方式最后只剩下战争一途。美国坚持不先开第一枪的原则，因而，日本便决定首先开战。通往战争的轨道已经铺设好了。

战争的列车开出去了，而且一去不回头。

▲罗斯福在白宫接受媒体的采访。

第二章

偷袭计划出笼

　　山本就任联合舰队司令，重视海军航空潜力。到1941年，他确信与美、英作战已不可避免，即着手筹划"珍珠港"计划。山本推出了理念，但使"理想"变为现实的却是源田实中佐，他草拟了"珍珠港"计划，并和山本一道，力排众议，使计划得以通过；同时组织秘密训练，解决偷袭的一系列技术问题。没有山本，就没有"珍珠港"；没有源田实，就没有"珍珠港"偷袭的成功。历史进程就这样决定在一个中佐的身上。

No.1 九年前的演习

如果说东条英机是将日本帝国加速引向对美战争和太平洋海战的罪魁祸首，那么太平洋海战的第一战——偷袭珍珠港——的始作俑者却是日本海军联合舰队司令山本五十六。

其实，准确地说，最早提出使用海军航空兵攻击珍珠港并将之"付诸行动"的并不是山本五十六，而是美国人哈里·亚纳尔海军上将，这也许是历史给美国人开的一个天大的玩笑。

早在1921年，一位名叫赫克托·C·拜沃特的英国记者写过《太平洋海上霸权》一书，并在美国出版。1925年，这本书的主要内容被扩写成了一部小说——《伟大的太平洋战争》，内容是：一支日本舰队偷袭了美国停泊在珍珠港的亚洲舰队舰艇，同时还偷袭了关岛和菲律宾。据说，日本海军军令部曾翻译了此书，在高级军官中发行。其时，山本五十六正在日本驻美国大使馆工作，他很可能阅读过这本书。

从20世纪30年代初期起，美国也开始把日本当作自己未来的作战对象。1932年1月，在美海军上将哈里·亚纳尔的指挥下，美海军举行了袭击珍珠港的演习，目的在于检验太平洋海军基地的防卫能力。

在演习中，集结于东海岸的200余艘大型特混舰艇秘密地向珍珠港进发，途中实行无线电静默，以达成突然性。2月7日，也正巧是星期天，随着一声令下，152架舰载机从"列克星敦"号等航母上起飞，去执行偷袭任务。

当机群钻出云层后，未受到任何拦阻，珍珠港内停泊的一艘艘战舰，成为"空袭"的绝好靶标。

大规模的"空袭"开始了，毫无准备的珍珠港瞬间陷入瘫痪，进攻者不费吹灰之力，就取得了制空权，并完全控制了形势，而舰载机轻而易举地就将停泊在港内的一艘艘舰只"炸沉"。事后，亚纳尔给海军部写的秘密报告中指出，可以想象，珍珠港基地将从美太平洋防御圈中消失。美军的演习情况，引起了日本人的高度重视，日本海军派出了特务舰"襟裳号"油轮，借口去美国西海岸购买石油前往侦查；同时还派出大量谍报人员收集一切美军"偷袭"的情报。9年以后，日本海军几乎原封不动地重复了这次"演习"。

No.2 嗜赌成性的山本

提起偷袭珍珠港，就不能不提到山本五十六。偷袭珍珠港计划的真正主谋就是日本联合舰队司令山本五十六海军大将。

1941年1月7日，元旦刚过不久，千叶县木更津基地的海军航空兵战机迎着凛冽的寒风，正在天空中翱翔。在日本广岛的柱岛抛锚的3.2万吨级战列舰"长门"号司令长官室上，明亮的座舱里，有一个人正在聚精会神地奋笔疾书，他时而眉飞色舞，时而紧缩眉头，时而冥思苦想，时而落笔如飞。此人身材不高却异常壮实，肩膀宽阔胸膛厚实，面色冷峻而威严，在他笔挺的军服上缀满了各种勋章和奖章。他的五官平平，颧骨棱角分明，眉毛粗短浓密，鼻梁挺立，嘴角线条刚毅，微微向右倾斜，短短的平头灰发，最吸引人的还是那双眼睛，透露出无比的镇静和极度的坚韧，显然是属于那种不达目的誓不罢休的人。他就是山本五十六，号称"帝国海军瑰宝"的传奇人物，一个富于幻想、热爱冒险、意志坚强、个人魅力十足的人。

此刻，山本司令长官正以他那特有的犀利笔锋，在写一封具有历史意义的信。他在9张海军公文纸上写成的，是上书给当时的海相及川古志郎大将的《关于战备的意见书》。这些意见是山本经过长期的深思熟虑和周密研究后得出的结论。在这封信里，山本第一次表明了自己对夏威夷作战的设想。而这一设想的核心，如果归纳成一句话，那就是偷袭珍珠港！

写到兴起之处，他仿佛面对的就是及川和海军部其他高官，而他就站在他们面前慷慨陈词。

"及川大人，鄙人以为，在开战之初，就应猛攻猛打，力图摧毁敌方主力舰队，使美国海军和美国人的士气沮丧到无可挽回的地步。"

及川反问道："那么司令阁下认为该用何种力量实现这一目标？"

"航空母舰！大人，以航母作为海战主力，以海军航空兵为海战利器。"山本回答说，"要在敌主力舰队，特别是航空母舰停泊于珍珠港内时，乘敌不备，用飞机进行袭击，以强大的空军力量摧毁敌舰，在物质和精神两方面给敌人以沉重的打击，使其在一个时期内无法恢复。"

"本人认为这个作战方案包含过多冒险因素。"及川置疑道。

"不战则已，一战必胜。卑职不惜以性命为赌注。"山本坚定地说。

从这份上书中，可以清晰地看出山本的为人。作为一员战将，山本一向深谋远虑，算度准确，胸有兵机，用兵以突然、迅速和敢于冒险而著称。山本喜欢赌博的天性，使他既具有赌徒的冒险心理，又不乏理智的谋算。这在他指挥袭击珍珠港作战中表现得淋漓尽致。在他的"赌徒"生涯中，偷袭珍珠港是他最冒险、受益最大的一掷，其大胆的想象、严密的推论、准确的计算，令他的反对者和敌人都感到震惊。

1884年4月4日，山本出生在日本新潟县长冈的一个破落武士家庭，出生时父亲五十六岁，故此得名五十六。本姓高野，因为家境贫寒，被过继给长冈的武士贵族山本家，

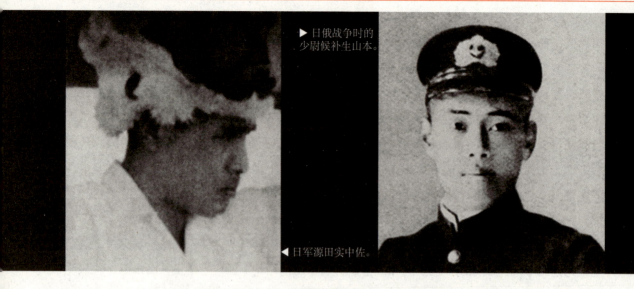

▶ 日俄战争时的
少尉候补生山本。

◀ 日军源田实中佐。

这才改姓山本。1901 年他以第二名的优异成绩考入江田岛海军军官学校。1904 年刚毕业即以少尉候补生的资格参加日俄战争中的对马海战，在海战中失去了左手的食指和无名指。

海战的胜利使他对当时的联合舰队司令东乡平八郎十分崇拜，立志要像东乡那样建功立业。东乡平八郎是山本心目中的偶像，在 1904 年的日俄战争中，俄国的实力超过日本，但是东乡平八郎通过突然袭击，一举消灭了驻扎在中国旅顺口的俄国海军第二舰队，从而奠定了日俄战争胜利的基础。这段历史对山本的启发很大。同样是悬殊的力量对比，日本这一次能不能通过同样的方式来解决这场危机呢？如果能做到这一点，他山本真的要和东乡平八郎齐名了。

1914 年至 1916 年，山本在日本海军大学深造，1919 年至 1921 年赴美国哈佛大学攻读英语，选修燃油专业，回国后在海军大学任教官。1923 年，山本奉命前往欧美考察各国海军，在旅欧途中，曾到赌场一展他的高超赌技，使他成为有史以来第二个因赌技太高而被著名的摩洛哥赌场谢绝入场的人。山本酷爱赌博，他赌博的格言是要么大赢，要么大输。这一点对他的军事思想也有着重大影响，日后的偷袭珍珠港，也极具孤注一掷的赌徒风格。

赌博是山本五十六的一大嗜好。他好赌成癖，但从不计较胜负。为了了解山本的性格，下面不妨举几个赌的例子。

山本好赌，他会玩象棋、围棋、麻将、棒球和轮盘等，这些都可以成为他与人赌博的工具。有时一时找不到赌具，他就与人玩简便的纸上赛马的游戏，如果参加这种游戏的是年轻人或美貌的歌伎，他就押上 50 日元赌注，故意输给他们，以博一笑，同时也使自己的嗜赌心理得到满足。

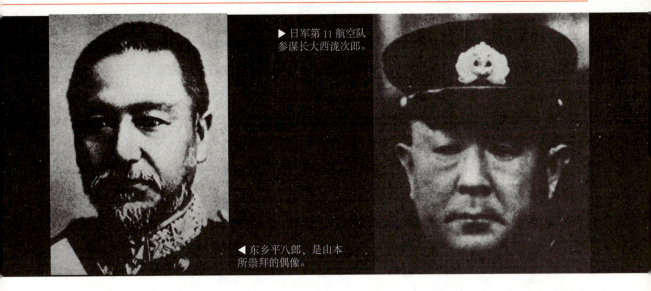

▶ 日军第 11 航空队
参谋长大西泷次郎。

◀ 东乡平八郎，是山本
所崇拜的偶像。

　　山本认为，所谓打赌，就是当遇到某一问题双方各持己见而相持不下时，押上一些赌注，迫使自己对自己的观点或行为负责的一种游戏。这可以说是山本发明的"打赌理论"。有一次，日本海军的"金刚"号和另一艘巡洋舰在伊势湾进行舰炮打靶实验，山本的好友堀悌吉认为一定能够击沉靶舰"壹岐"号，山本则认为击不沉。为此，双方商定以 3,000 日元为注打一次赌。这笔赌注在当时是一个大数目，可以买一幢高级房子。结果，靶舰被击沉，山本输了。堀悌吉说："放心，我不会要你这笔钱。"山本则坚持要还，最后两人决定由山本分期将这笔钱捐给海军士官学校第 32 届毕业生学友会。为这一次打赌，山本直到好几年以后才算还清债务。

　　山本不光是为了赌或为了玩而玩，他还注意在玩中锻炼自己的耐力。例如，有一次，山本和他的好友重治海军教授下象棋，经过一番激烈的搏杀后，棋盘上出现了势均力敌的态度，重治看看表说："看这态势谁也胜不了谁，不过按'大成会'（日本象棋联盟的前身）的规则，我多子算胜。"山本则不急不躁地说："我不记得有这种规则，哪有不分胜负的道理，还是接着下吧。"不一会，山本就逐步转为优势了。但是到了晚上 12 时，还分不出胜负，重治坐不住了，又勉强坚持了一小时，还是难解难分，他不耐烦地说："好了！好了！实在是不行了，就这样结束吧。"山本说："那就是你认输了！打仗也是一样，厌战本身就是失败。使敌人丧失斗志，也就等于消灭或俘虏了敌人，达到了打仗的目的。"

　　赌是山本性格中的突出特点，是其行为的决定性因素之一。从某种意义上说，偷袭珍珠港也可以说是一场赌博。它以国家命运为赌注，以联合舰队为赌具，孤注一掷，不计后果，尽管偷袭奏效，但胜得危险，胜得侥幸。

　　与山本共过事的法华津孝太曾深有感触地说："在太平洋战争爆发之前，如果美国稍留心研究一下联合舰队司令长官山本五十六的性格的话，至少也能估计到他可能对夏威夷发动突然袭击。"这句话的确一语中的。"知彼知己，百战不殆。"倘若美国情报部门能够对山本其人的性格、为人、嗜好作深入的调查分析，那么虽不能制止日军对珍珠港的偷袭，至少可以采取防范措施，避免遭受巨大损失，山本的这一赌博，就完全可能是另外一种结局。

　　大约在 1940 年四五月份，山本就开始酝酿袭击珍珠港。当时，国际上的阵线已经分明，日本已估计到，如果爆发日美或日英战争，日本将不得不对美、英、中三国作战。因此，在日本海军年度作战计划中，将美、英列为作战对象，并拟订了几种行动方案。在此情况下，作为联合舰队的司令官，山本考虑与美海军太平洋舰队作战的问题是完全合情合理的。

　　1940 年 11 月 11 日，英国地中海舰队以"光辉"号航空母舰、4 艘巡洋舰和 4 艘驱逐舰组成突击编队，出动 21 架次舰载机突袭意大利塔兰托军港内锚泊的军舰，仅以损失飞机 2 架的代价，就取得击沉战列舰 1 艘、重创战列舰 2 艘、击伤巡洋舰和辅助舰各 2 艘的战果。这一战例开创了以舰载机突袭敌方海军基地并获得胜利的先河。

　　山本闻讯后立即指示日本驻意大利海军武官全力搜集有关情报，特别是英军所使用的浅水鱼雷资料。因为塔兰托和珍珠港一样，水深仅十余米，无法使用常规鱼雷。这个成功的战例，还有前面提到的美军的演习，都对山本偷袭珍珠港作战方案的形成有着极大的帮助和启示，犹如给山本注入了一支"强心针"，更增添了山本实施密谋的信心。山本此时已基本形成了使用航母和舰载机远程奔袭珍珠港的想法。

　　1940 年 11 月，山本几次与海相及川古志郎面晤，阐述了他的对美开战的方针和计划：用 2 个航空母舰编队的全部舰载机兵力，突然袭击珍珠港，力求聚歼珍珠港在泊的美太平洋舰队的主力，同时出动潜艇，在珍珠港进出口海域设伏，待空中攻击开始后，击沉试图逃走的舰艇，造成港口堵塞，封闭进出航道。山本还对及川说，他愿意辞去联合舰队司令官之职，只求担任袭击编队的司令，亲率航空母舰载机飞行队，袭击夏威夷。这个设想，基本上成为后来制订的"Z"计划的基调。

　　1941 年 1 月初，山本亲笔给及川上书了《关于战备的意见书》。他提出与美英一战已不可难免。因此，应该在战备、训练及作战计划等方面早做准备和打算。这是山本正式将久存于心中的对美开战设想，变成一份作战计划的纲要。"山本上书"，将珍珠港推向了太平洋战争的最前沿。

▲日军的侦察机正在飞行途中。

No.3 决定历史的源田中佐

山本推出了理念，使"理念"成为现实的却是源田实中佐。而且，即使是山本本人，也没有像源田这样彻底投入"珍珠港"计划。

山本在上书及川的同时，还将他袭击珍珠港计划的要旨写给了第11航空队参谋长大西泷次郎少将，要他草拟袭击"珍珠港"计划。大西就是日后日本臭名昭著的"神风特攻队"的创始人。接到山本长官的手令后，大西立即前往联合舰队的旗舰"长门"号与山本密谈。山本向大西阐述了自己的构想，两人就此构想的细节作了初步研讨。

大西回到鹿儿岛后，立即开始着手挑选拟订计划的参谋。2月初，他给当时在"加贺"号航空母舰任参谋的源田实中佐发了封短电："立即来鹿岛，有急事相商。"这位后来声名显赫的参谋就这样进入了这一秘密计划，登上了历史舞台。

源田不仅是位技术熟练的海军战斗机飞行员，而且是一位很有头脑的参谋。而且，更重要的是，他是世界航空界杰出的空战战术专家，也是"源田主义"思想（即大规模使用战斗机夺取制空权）的创立者，他曾以全班第一名的成绩毕业于日本海军军官学校，不久就成为日本海军的王牌飞行员和战斗机飞行教官。在海军中，他因在中国进行战斗机长距

◀ 时任日本联合舰队司令长官的山本五十六。

离大规模作战的大胆想法而名噪一时。

当时的军令部作战课课长富冈定俊评价他说："他无疑比他的时代先进 10 年。"早在 1936 年，他在日本海军军官学校学习时，曾写了一篇论文，主张日本海军大力发展航空母舰，将建造中的战列舰和巡洋舰统统改装为航空母舰。他还主张，日本海军应以舰载机为主力，对敌实施主动攻击，不能等待敌舰来攻。源田的这些很有创见的思想，虽然被一部分人嘲讽为"疯狂"，但是，毫无疑问，和山本的思想却是一脉相通的。

源田风尘仆仆地赶到鹿儿岛大西的办公室。大西挥手让正在办公室里汇报情况的参谋退了下去，然后亲切地让这位亦友亦学生辈的源田坐在他的面前。

大西疼爱地端详了源田片刻，然后递过去一方手帕，让他擦了擦额头的汗水，之后说："实君，辛苦了。"

源田实尊敬地望着这位长辈，他和山本都是源田最为尊敬和佩服的海军高级将领，他毕恭毕敬地回答道："长官，不辛苦。"

"源田，这是一件绝密的事，对任何人都不能讲。"大西突然严肃起来，严厉地警告源田。

源田点了点头，然后试探性地问道："您这次召我来，是不是为了美国的事情？"

大西满意地看着源田，对自己这位得意门生的机智和卓越的洞察力深感满意。他点了点头，说："实君，你不愧为大日本海军未来的栋梁之材。现在有一个可以充分显示你才能的机会。"

大西看了一眼墙上的海图，缓缓地说："山本司令计划袭击珍珠港，一举歼灭美国太平洋舰队。"

"是吗？"源田中佐眼睛不由得一亮。

"这里有一封信，是山本司令写给我的亲笔密函，你可以看一下。"说完，他把密函递给源田。源田双手接过，打开密函专注地看了起来。

听了大西的介绍和看了山本写给大西的亲笔密函后，源田为山本的计划所深深折服，为山本过人的胆略和气魄所感动。他迎着大西挑战的目光坚定地说："这个计划虽然困难，但并非不可能实现。"

"是吗？嗯，很好。下面就要看源田君的了。"大西对源田的回答深感满意，令他回去后尽快拿出一份具体的作战计划。

返回"加贺"号后，已是黄昏。源田马不停蹄地立刻开始着手拟订计划。他依据山本"力求歼灭敌舰队主力，使其丧失作战能力，摧垮其士气"的基本思想，夜以继日地工作。两周后，一份具体计划诞生了。这份计划的主要内容是：

出动全部航空母舰，利用暗夜掩护，秘密驶近瓦胡岛；利用拂晓出动舰载机，对敌舰实施突然攻击；舰载机攻击编队要包括俯冲轰炸机、水平轰炸机、鱼雷攻击机和战斗机；鱼雷攻击机一定要使用，要尽快解决鱼雷不能在浅水水域使用的问题；航空母舰编队要尽量靠近瓦胡岛，完成攻击任务的舰载机必须返舰，不能在海上降落；攻击目标的先后顺序是：敌航空母舰、战列舰、巡洋舰和驱逐舰，重点是航空母舰。

在这个计划中，源田对山本的设想作了一些修改和完善。例如，山本曾设想，为了不暴露航空母舰目标，担任攻击的舰载机可不必返回母舰，就在海面降落，等待日方的驱逐舰和潜艇前来救援。山本认为，这样既可避免损失航空母舰，亦可使美国人大吃一惊，认识到日本民族视死如归的气概，从而收起与日本人对抗的打算。源田认为，山本的想法是不现实的，一方面这样将对飞行员心理产生不利影响，会白白牺牲一些宝贵的飞行员；另一方面，航空母舰如无舰载机，就无异于一堆废铁，在返航途中如遇到美军的攻击，就只能自取灭亡。因此，他力主担任攻击的舰载机一定要返回航空母舰。

源田把计划递交大西后，他们两人又在一起作了详细的研究，大西对计划又做了不少补充，最后得出一个结论：只要美军舰队确实在港内停泊，并且日军舰队在航行途中不被发现，就能取得成功。4月初，大西将计划呈报了山本。一份即将给世界带来震动的作战计划，就这样出笼了。源田在筹划"珍珠港"计划中可谓功勋卓著，是他草拟了"珍珠港"计划，并做了多次修正，探索其中的弱点，他还组织和负责偷袭的演习和训练，在这一过程中解决了无数的技术难题，等到后来第一航空舰队正式踏上征途的时候，大部分大西的想法都已经荡然无存，而山本的计划也几乎改头换面，最后执行的彻底是源田版的"珍珠港"计划。可以说没有山本，就没有偷袭"珍珠港"，而没有源田，就很难有"珍珠港"计划的胜利实施，历史就这样决定在一个中佐身上。

No.4 信心十足的山本

1941 年 4 月，春天已经悄悄来临，但是春寒料峭，在东京和鹿儿岛，天气依然非常寒冷，而此时的山本，也遭遇了巨大的阻力。这种阻力不仅来自作为日本海军中央指挥机关的军令部，也来自山本手下的军官。山本又一次面临一个巨大的挑战。

在源田拟订计划的同时，山本在联合舰队司令部又组织了 4 个研究小组，拟订联合舰队的各种作战方案，并研究有关战略战术。袭击珍珠港当然是他们研究的课题之一。当源田的计划被呈送到山本手里后，他又参照联合舰队司令部的研究成果，对计划作了审修，并赋予其一个"Z"的代号，称为"Z"计划。4 月末，山本派黑岛龟人参谋携计划去海军军令部汇报，力争取得批准。但是军令部不同意。在各执一词的情况下，军令部派人组织参加了一次讨论会，讨论偷袭珍珠港的可能性。

军令部的会议室里，此时正灯火通明。海军军令部的主要官员和山本五十六及其幕僚，还有第一航空舰队的高级军官都在场。会议室里正进行激烈的争论，充满了一种剑拔弩张的气氛。

"我反对这个计划，这样做是冒险。"首先发言的是海军军令部作战课课长富冈定俊大佐，他激动地说："这违背了日本海军既定的作战方针和计划。"

"我赞成处长的看法。"第五航空战队司令官原忠一站起来说，身材高大的他站起来好像是座山一样，显得气势不凡，难怪友人都称他为"金刚"。"我严重置疑与美国争战的必要性。"说完，他"嗵"地一声坐了下去。

会议室里霎时寂静无声，富冈定俊代表的是军令部的意见，而原忠一却是山本的手下，他们都表示反对，这时谁也不愿轻易开口发言了。

山本五十六用他那犀利的目光环视着在座的每个人，镇静自若地说："说起来，是有些冒险，一旦失败，整个作战就有垮台的危险。关于这一点，希望在座诸位毫无顾忌地提出意见。"

"本人坚决反对这个计划！"日本第一航空舰队司令长官南云忠一中将说，"我认为

日本海军联合舰队司令长官山本五十六

后勤补给问题根本无法克服，此战役我军将损失大量机航人员。"南云走路姿态粗犷，为人粗鲁，他缺乏海军航空经验，是个门外汉。

"此计划与大日本海军的既定作战方针相抵触。"南云斩钉截铁地说，"我军目前主要的攻击目标是美军控制下的菲律宾；通过集中力量对菲律宾实施攻击，吸引美国舰队来援，然后使用预先部署在马绍尔群岛、马里亚纳群岛、卡罗林群岛和帕劳群岛等南洋岛域及其水域的岸基航空兵和潜艇，逐步消耗美太平洋舰队的实力，使之相当于或小于日本海军的实力；寻找机会在日本近海与美太平洋舰队进行舰队决战，一举将之歼灭。"

联合舰队的高级军官和参谋们听后面面相觑。因为虽然提议实施珍珠港作战的是山本五十六，但是珍珠港作战的最高指挥官应该是南云忠一中将。最高指挥官都表示反对，其他人也不好对他提出反驳。

"我也同意诸位的看法。"大西泷次郎刷地一下站起来。大家都很吃惊地看着他。他说："虽然我曾负责拟订过'Z'计划，但本人极力反对实施。在日美之间，难以用武力迫使对方屈服。日本去攻占菲律宾或其他地方是可以的，就是不能去攻击珍珠港。"他建议撤销进击夏威夷的作战计划。

海军军令部作战部部长福留繁少将也皱了皱眉头，说："军令部也反对此项计划。"海军军令部可是日本海军中央指挥机关，军令部如果不下达命令，任何作战计划都是一纸空文。

他望着山本那透露出坚毅神色的双眼，说道："我国当前急需的是印度支那及南洋地区的资源，攻击珍珠港则收不到掠取资源之效。军令部认为，军令部负责决定兵力的使用和分配，协调陆海军的关系，安排各方向的物资和弹药供应。因此，不能只考虑一个方向或一次战役，应从全局出发，衡量轻重缓急，将力量和物资用于对达到战略目标至关重要的作战方向。"

南云立刻接着说："珍珠港作战太过冒险，试想，一个庞大的偷袭编队在海上航行5,000多公里而不被发现，不受对方的攻击是很困难的。一旦被对方发现，这支舰队就很可能成为鱼口之食。"

草鹿龙之介，这位袭击珍珠港的首倡者，此时也站起来说："进行夏威夷作战，那就犹如跳进敌人的口袋里。我认为，在关系到国家兴亡的大战中的第一仗，不应该冒这个险，进行投机性的作战。"

"本人完全赞同珍珠港作战。"人们的视线"唰"地一下都集中在说话人的身上。

发言的是山口多闻少将，日本海军第2航空战队司令官，"珍珠港"计划的大胆，与死神为伍的本质，非常符合山口的个性，他是该计划的坚定拥护者。

他激动地说："诚如诸位所言，珍珠港作战很冒险，但'不入虎穴，焉得虎子'。而且我军集中于南线作战，而放任美国太平洋舰队，本土即显空虚，太平洋舰队势必纠集英荷澳等国对我南线侧翼和本土攻击，到那时战局将难以收拾。不如现在乘有利可图，放手一搏，以求一役歼灭太平洋舰队大部，才可保我南线顺利进军，也可保我本土安全。所以本职坚决拥护珍珠港作战，不惜以身殉职。"

山口的话一石激起千层浪，山本的幕僚也纷纷表示赞同，会场立刻分为泾渭分明的两派，但显然还是以反对者居多。

一直在听取大家意见的山本此时微微闭上双眼，沉默片刻，突然睁大双眼，以一种绝不动摇的口气坚定地说："我的意见是，无论如何一定要攻击珍珠港。"

会场中顿时鸦雀无声，众人都专注地看着山本。

山本停顿了片刻，仿佛深思了一会儿，接着说："我认为同美国交战是不可能取胜的，在明知这一结果的情况下，如果最高当局还坚持要打，那就只有采用突袭的方式，先发制人，摧毁对方的主力，使之半年内不能投入西太平洋的作战，除此之外别无良策。"

他坚定地说："如果海军军令部不同意此作战计划，我将不惜辞去联合舰队司令官职务。"会场一片哗然。

山本的决心之大，远远超出了所有人的想象。其实从提出这一观点以来，山本就一直为了维护自己的战略理念与众多的意见相左者争论。他用尽各种手段，来说服、甚至威胁军令部和大本营批准他的计划，他扬言辞职，看来并不是闹着玩的。而当时，日本如果没有他掌舵而想进入战争并取得胜利，简直不可思议。

山本待会场渐渐安静下来后，又转向南云忠一中将，直视着南云的双眼，平静地说："如果南云海军中将不完全赞同，那么就由我亲自率领航母舰队出征吧。"

会场上的人面面相觑，对于这位德高望重、享誉海军的伟大人物，对于这位被誉为"帝国海军瑰宝"的天才指挥家，他的决心、他的要挟没有什么人可以阻挡。

经过一番唇枪舌剑的争论，军令部别无选择，尽管千万个不愿意，富冈最后还是根据源田的要求，勉强答应：把每年海军大学的例行图上作业，由11月或12月提前到9月举行。到时将设立专门图演室对山本的方案进行图演。而最后，在山本一再坚持下，军令部终于在离袭击珍珠港仅35天的时候，同意了山本的计划。

第三章

鹿儿岛练兵

　　早在 4 月间，山本就命令部队开始作战训练。空投鱼雷的训练地点选在和珍珠港条件相似的九州鹿儿岛。袭击停泊在珍珠港内的大型军舰，最有效的方法是用飞机空投鱼雷，但珍珠港水深太浅，为解决这一技术难题，日海军在鱼雷上装了木鳍。1941 年，日本海军将在东京举行大型图演。在山本的主持下，演习的巨大成功说服了其他持怀疑态度的海军将军，更加坚定了山本的决心，也坚定了日本走向太平洋大战的决心。

No.1 针对性强化训练

虽然袭击计划直到 1941 年 10 月 19 日才获批准，但是联合舰队有关的针对性强化训练早在 8 月下旬就已开始。

1941 年 8 月 10 日，美丽的佐伯湾海风阵阵，晴朗的天空下许多白色的海鸥正在海面上飞舞，不时穿过一根根高耸的桅杆。在"长门"号旗舰的左侧甲板上，此时正站着两个人，默默地注视着停泊在港内的战舰，其中一个人是山本，站在他身后的是源田实中佐。

"军部的意见是什么？"山本回头问源田。

"还是认为难度太大，尤其是如何能把目前这种舰队活动半径下的特遣舰队送到离日本本土这么远的地方去。"

山本知道军令部发现了最主要的难点之一。

"海上加油训练进行得怎么样了？"

"还在继续进行，特遣舰队必须在海上加油，从目前的训练看，其成功的前景很乐观。"源田回答道。

是的，山本清楚地知道，要让军令部那些顽固不化的家伙们采纳他的计划，就必须在实际训练中将一项项不可能的事情转化为可能。

"长官，我去看过鹿儿岛了，确实和珍珠港非常相似。"源田说。

"嗯，那好，一定要抓紧。"山本叮嘱道。为了进行实战训练，山本选择了鹿儿岛港湾作为训练基地。鹿儿岛港湾是位于九州岛南部的军港。山本司令长官选中此地的重要原因是它的港口地形与珍珠港非常相似——四面环山，港口狭隘，水深 12 米，等等，几乎是一模一样的。

"目前进行得怎么样了？"山本问道。

"还不太好，任务非常艰巨，为了绝对保密，我们无法向飞行员说明训练的目标，这增加了工作的难度。而且，各种不同类型的飞机，包括高空轰炸机、鱼雷轰炸机、俯冲轰炸机和战斗机必须配合，成为一支有力的打击力量，而且，几百架飞机还要结成完美无缺的群体飞行，分成不同的攻击波次。"

山本点了点头，说："嗯，是啊，而且完成这项困难、复杂任务的时间已经不多了。"

源田说："长官，要完成这项任务，我有个最合适的人选，他一定能胜任的。"

山本感兴趣地扬了扬眉头，说："是谁？"

源田说："是我在海军军官学校的同学，渊田美津雄中佐。他拥有 3,000 小时的飞行经验，是海军航空兵中的顶尖飞行员，还参加过中国战场的作战，成绩斐然。"

源田停了停，接着说："更重要的是，渊田有一种很强的战斗精神——这是他最好的品质。"

▲日军海军舰载机进行超低空飞行训练。

源田滔滔不绝地说："而且，他也是一名能够理解任何特定情况并迅速做出反应的天才领导，他不仅是我们最好的飞行领导人，还是一名优秀的参谋——肯合作，头脑清晰。攻击珍珠港的成功，取决于这次攻击的飞行领导人的个性和能力。这就是为什么渊田可以担任这项工作的原因。"

山本一边听一边满意地点头，沉吟了片刻说："我们就需要这样的人。好，你去通知军令部，把他调过来负责训练。"

1941 年 9 月初，山本亲自挑选并任命海军航空兵中的顶尖飞行员渊田美津雄中佐担任第一航空舰队训练总教官，负责对飞行员的训练。

渊田所担负的任务是，不仅要训练"赤城"舰上的下属飞行员，而且还要训练在 4 月份新组编的第一舰队所有航空母舰上的飞行员。

9 月初，身着笔挺飞行员皮衣的渊田手拿着简报本，英姿飒爽地站在"赤城"舰的飞行甲板上，在他面前，航母上的飞行员整齐地列队等候他的指示，个个脸上露出了高昂的斗志。渊田满意地点了点头，沉声道："我是你们的新飞行总教官，请多多关照。"

他环视着飞行员们年轻的脸庞，问道："今后的训练将非常艰苦，你们有没有信心？"

飞行员齐声大喊："有。"

"很好。"渊田冲参谋挥了挥手，参谋人员立刻在他身后支起了飞行地图。

他指着地图说："首先，飞机从鸭池基地起飞后，在鹿儿岛北方 2,000 米的高空集结，

▲ 负责飞行员训练的渊田美津雄中佐。

然后单机向南从樱岛半山腰飞过去，降入甲突川峪谷，以距地面 40 米的高度紧贴着山形屋百货大楼和车站的屋顶飞过，躲开电杆和烟囱，飞至码头上空，突然把高度降低至 20 米。此时，投弹员打开套环，对在 270 米以外的防波堤施放鱼雷。"训练完全模拟将要对珍珠港进行的攻击 。

"太困难了。"连经验丰富的老飞行员也面面相觑。"这不是闹着玩吧？"他们心里嘀咕着。

此后的日子里，在渊田的指挥下，400 多名鱼雷机、俯冲轰炸机、战斗机飞行员进行了紧张、逼真和近乎残酷的训练。

"从岛的半山腰穿过去， 进入峡谷，飞行高度保持在 50 米，各机相距 150 米， 再飞到鹿儿岛市上空，高度降至 40 米。"渊田给飞行员下达的这一命令，使一些老飞行员的心里也不由得敲起了小鼓。因为在这样的高度飞行，飞机随时都有触地的危险。然而，渊田还在继续讲："接近海面时，高度降至 20 米，然后保持该高度，对准目标发射。"飞行员们更是胆战心惊，在 20 米的高度飞行，简直是玩命，这意味着飞行员的生命根本没有安全保障。"训练时使用模拟鱼雷！"渊田下达完命令后，紧张的训练就开始了。

一架接一架的鱼雷机从岩平谷冲出，几乎是擦着屋顶掠过去冲向海面，强大的气浪把树叶摇晃得哗哗直响，以至于有些晒衣服用的竹竿都被吹倒了。

在这些发疯似的飞行训练中,首先被吓坏的还不是飞行员,而是鹿儿岛市民。刺耳的呼啸声此起彼伏,全市居民陷入了惶惶不安之中。

"怎么搞的?飞这么低,海军这帮混蛋!"被吓坏了的鹿儿岛居民咒骂着。

飞机一接近港口,立即下降高度,似乎要贴近海面了,小渔船上的渔民被吓得魂飞魄散。鹿儿岛市民整天处于提心吊胆之中。据说,由于这种超低空训练的影响,在那些日子里,鹿儿岛市民养的老母鸡都不生蛋了。

但做超低空攻击训练的鱼雷机根本不予理会,仍是一架接一架地从岩平谷飞出,然后又消失在海上,反反复复地练习着发射鱼雷的规定动作。可是,那些挂着笨重教练鱼雷的飞机总是不敢压低到规定的高度,射出的鱼雷也没有一枚能够命中目标。

鱼雷攻击是一种海上作战手段,在鱼雷强度允许的范围内,发射高度越高,越有利于攻击。当时,实施鱼雷攻击的方法大体是:在高度 100 米、距离 1,200 米时发射鱼雷;鱼雷入水后,下潜到 60 米的水深,然后靠横舵作用上浮到离水面 4 到 6 米时冲向目标。但是,珍珠港的水深只有 12 米,若按这一传统的攻击方式,鱼雷就会统统扎到海底。

训练的第 4 天,为了进一步提高训练精度,尽快达到训练目的,渊田将鱼雷机飞行员全部集中到海滩上,由自己亲自作示范。这位具有 15 年航空经历、飞行近 3,000 小时、曾经担任过"赤城"号航空母舰飞行队长的指挥官果然身手不凡。只见他驾驶的飞机在抵近海滩时,几乎是擦着飞行员的头皮冲向海面。霎时,平静的海面被飞行的气浪划出了一道白色的痕迹,高度仅 10 米左右。紧接着,一枚红头白身的鱼雷投入海中,飞机立刻抬头拔高,海面上鱼雷直扑目标,"嘭"的一声,鱼雷准确地撞在目标上。

飞行员们被总队长出色的表演给"震"住了。第 2 天的训练,虽然有几架飞机坠入大海,但却有不少鱼雷射中了目标。

经渊田和他的飞行员连日以来发疯似的训练,虽然鹿儿岛的市民对于飞行员违反飞行条令的行为极为不满,但鱼雷机队队员们的训练成绩却得到了大幅度提高。

现在只差最后一个技术难题了,就是找到合适的鱼雷。

日本海军拥有比当时世界各国鱼雷性能都好的"九四"式鱼雷。这种鱼雷每枚重量都在 1 吨以上,因此高速飞行的鱼雷轰炸机向水中发射鱼雷对水深的要求很严格。在 50 米的高空发射时,鱼雷入水后,至少要下沉 100 米。这对于珍珠港这样的浅水域,显然不适合,鱼雷一入水就会一头扎进泥里。要使这种鱼雷充分发挥作用,就必须尽早解决鱼雷本身的有关技术问题。

横须贺的海军鱼雷专家爱甲文雄大佐担负起这个攻关项目。他尝试了多种方法,最后,他发现，用飞机平衡器做成木头翅膀，安装在鱼雷上，可以大大减轻鱼雷的下沉。为了验证这一方法，他决定在鹿儿岛进行试验。

11月上旬，在离结束训练的时间11月15日还有几天的时候，渊田等人进行了一次实弹投射试验。渊田在鹿儿岛湾选择了一处水深只有12米的狭窄水区，然后在他的飞行队里按技术水平上中下三个层次各挑选了一名飞行员，让他们驾驶轰炸机，携带着改装后的鱼雷，依次在预定于水深不足20米处做好标志的鹿儿岛港内发射鱼雷。结果，2枚鱼雷命中目标，只有技术最差的那名飞行员把鱼雷射入了海底。那天，渊田海军中佐的眼睛一直紧紧跟踪着射出的鱼雷。只见发射出的鱼雷在蔚蓝色的海面上并排拖着两道白色的航迹，驶向目标。哈哈！基本成功！也就是说，经过改装后，80%的鱼雷都适宜于在珍珠港内的浅水中使用。渊田兴奋地对爱甲说："太好了，你给鱼雷插上了翅膀。"

与此同时，水平轰炸机则在有明湾海军轰炸靶场进行训练，把一枚枚训练弹投向画在地面上的同美国"西弗吉尼亚"号战列舰一样大小的标志上。飞行员们经过一番拼死训练，投弹技术大大提高，在3,000米的高度，投弹误差一般不超过3米。当时，标准轰炸机使用的是800公斤重的穿甲炸弹，对舰船的水平轰炸能够达到这样高的命中精度，是非常不容易的。

另外，在加强训练的情况下，还根据飞机数量和不同攻击机的性能特点，确定了第1攻击波的具体攻击目标。

水平轰炸机队50架，以5机编队编成10个中队，投弹高度约在3,000米中等高度。进入轰炸航向后，5机编队各机之间要保持半架飞机的距离，以等高度和等航速组成严整的队形。当第1架向导飞机投弹时，第2架和第3架轰炸机的投弹时间不得迟于0.05秒，而第4架和第5架飞机则不得迟于0.1秒，只有这样，才能使炸弹的落点覆盖目标，其中大致可以保证有1枚炸弹命中。但10个编队大体上只有80%的捕捉率，共有8个队的8枚炸弹能够命中目标。另外，当时的投弹装置还不是电动的，完全要靠手来拉投弹索掌握时机，这就更不容易了。水平轰炸机的800公斤穿甲弹装有延迟时间0.2秒的延时引信，能够穿透战列舰的装甲，使炸弹在舰内爆炸，威力很大，一旦命中，十有八九能把敌舰击毁。由于鱼雷机无法攻击停在军港内侧的战列舰，另外要使1艘战列舰完全被毁，一般需命中2枚800公斤炸弹，所以水平轰炸机队共将4艘战列舰作为攻击目标。

由江草隆繁少佐指挥的俯冲轰炸机的飞行员则在宫崎县的富高空军基地训练，把拖筏当成靶子以提高命中率。在笠之原和大分空军基地也进行了更多的训练。俯冲轰炸机队有51架飞机，由于要实施俯冲，每架只能携带1枚250公斤重的特种炸弹。战前通过

▲日军舰载轰炸机具有航程长的特点。

▼日本轰炸机正在进行投弹练习。

训练知道，当空袭时，俯冲轰炸机从 4,000 米的高度开始俯冲，在 400 米高度时开始投弹，可以获得较好的命中精确度。另外，在顺风条件下，还可采取加大俯冲角度的方法来提高投弹精确度。采取这样的综合措施，可使精确度超过 80%。50 架飞机共编为 3 个中队，将同时攻击驻有战斗机的惠勒机场、福特岛机场和驻有重型轰炸机的希卡姆机场。

战列舰及航空母舰等大型战舰，一旦遭到鱼雷和穿甲弹攻击，即使没有沉没，也大多倾倒，没有装甲的水下部分也就露出水面。此时再用第 2 攻击波的 54 架水平轰炸机和 81 架俯冲轰炸机就能把敌舰彻底摧毁。

在攻击时，为了防止敌机反击，保障己方攻击机的安全，确保战斗空域的制空权，确定由第 1 攻击波的 43 架战斗机和 50 架俯冲轰炸机、第 2 攻击波的 36 架战斗机担任掩护。俯冲轰炸机趁敌机未起飞之际，对地面实施攻击，力争将敌机摧毁于地面，战斗机负责消灭已起飞的敌机。

由板谷茂少佐指挥的战斗机飞行员在日本列岛最南端的九州的佐伯空军基地和大村基地为一场大规模的空袭做准备工作。他们集中训练掩护轰炸机、保护航空母舰和射击靶舰。他们在新装备的"零"式飞机中练习编队空战，这种战斗机又称"零战"，是当时世界上最为先进的战斗机，到 1941 年 10 月时，日本已生产出 150 架这种新型飞机。

与此同时，参战舰艇也进行了强化训练。水面舰艇主要是为适应北航线的气候特点，进行在恶劣气候下的海上加油训练。技术人员对加油设备进行了改进，还对加油方法进行了分析研究，以帮助舰艇部队提高海上加油的效率。

在北面的伊予滩和丰后水道，潜艇部队的官兵们也正在进行秘密演习。夏威夷作战为日本人的一种秘密武器——特种潜艇——提供了实验机会。这种袖珍潜艇重约 46 吨，可携带 2 枚鱼雷和 2 名乘员。日本人计划用普通潜艇携带它，待接近珍珠港时放出，让它自行溜入珍珠港。但由于特种潜艇无法被回收，发起攻击后艇上人员无法逃生，因而该计划最初被山本否决。后来，日本人决定让特种潜艇攻击后开到预定水域，艇上人员由普通潜艇接走。这样，特种潜艇参加夏威夷作战的问题才落实下来。

以上各部队的训练都是在极其秘密的情况下进行的，所有参训人员只知道训练要求，根本不知道训练目的。

就这样，以珍珠港美国舰队为目标的高强度训练进入了最后阶段。队员们已经做好了一切准备，万事俱备，只欠东风了。

No.2 图上推演

就在这一时期，1941 年 9 月 11 日的早晨，在离目黑站不远的一所海军大学里，集中了近两百名海军军官。为了容纳这么多军官，学校的学生已全部提前离校。这些军官几乎都有一张被日光晒得黝黑的脸孔，一看就知道他们都是在舰队工作的军官。他们中大部分人都佩带着参谋肩章。

他们是应联合舰队司令官山本五十六大将的要求，代表日本海军的首脑人物，来参加历时 10 天的日本海军大学例行图上作业。这次图上作战演习是在山本司令长官的主持下，根据联合舰队拟订的计划进行的。它的主要课题是，日本实施南进计划，就攻占菲律宾、马来亚、印度尼西亚等战略要地的兵力区分、任务区分、机动方式、后勤补给等进行研究，以便发现问题，寻求解决的办法，进一步完善作战计划。

第一天，也就是 11 日，先是就图上作战演习问题进行商量，然后从 12 日到 16 日，进行为期 5 天的图上作战演习。

由于与美国开战事关重大，所以珍珠港袭击战的图上作业，被单独安排在一间密室进行，而且，这一密室警卫森严，出入人员受到严格限制。

参加袭击珍珠港图上推演的是海军军令部的军官和联合舰队的军官，共约 30 余人，由山本亲自坐镇。军令部总长永野修身上将率作战部部长福留繁少将和作战课课长富冈定俊大佐参演。联合舰队出席作业的均系山本亲自选定的各方面主官和主要参谋，其中包括：第 1 航空母舰编队司令官南云忠一中将、参谋长草鹿龙之介少将，第 2 航空母舰编队司令官山口多闻少将，第 3 舰队司令官三川军一中将，第 1 鱼雷战队司令官大森仙太郎少将，潜艇舰队司令官清水光美中将和参谋三户寿上校以及 "Z" 计划的制订者之一源田实中佐等。演习的总裁判由联合舰队参谋长宇垣缠少将担任。

图上推演按提议的 11 月 16 日作为 "X 日"（袭击珍珠港打响的日子）开始了。

"红军" 代表美军，"红军" 指挥官由小川贯玺大佐担任。他是一位美军通，对美军的战术有深入的研究，故而山本选他作 "红军" 指挥官，要求他在演习中放手去干，以便尽可能多地发现问题，找出对策。"蓝军" 代表日军，由南云中将担任指挥官。

首先，蓝军出动了潜艇舰队。于 10 月 14 日离开日本，20 日抵达沃杰环礁。11 月 15 左右在距离瓦胡岛 300 海里处包围该岛。

而南云指挥袭击编队向北开到北海道东海岸的一个偏僻港湾集合。这个遥远的海湾可以防止美国潜艇侦查，还可以解决燃料供应问题。

特混舰队沿北航线向东航行，在距瓦胡岛 900 余公里处，折向南全速前进。途中分别

▲日本海军军令部总长永野修身起初反对山本的袭击计划。

于 11 月 8 日和 11 月 13 日进行了海上加油。

14 日，南云被告知，红军舰队 11 日时还在珍珠港内，而且有越来越多的"美国人"活动的迹象。

此时，"红军"的"美国防御部队"进行了 400 海里范围内的一天三次的空中侦查。同一天，"美国人"在夏威夷南面发现了像是潜艇的东西。

15 日，即"蓝军"发动攻击的前一天，"红军"看到了可能是从水下潜艇泄漏出的油迹，因而将搜索范围扩大到了 600 海里。当日傍晚，一架巡逻机发现了特遣舰队，但在它发完报告前，"蓝军"成功地击落了它。不过，此时"蓝军"的动向已被美军获知，"红军"开始进入高度戒备状态。

"蓝军"于某一星期日拂晓向"红军"发起攻击。"红军"早有戒备，不时派出巡逻机进行侦察，很快就发现了"蓝军"的袭击编队，迅速派战斗机升空截击，使得第一攻击波的飞机在飞向目标的途中忙于战斗，而不能有效地对目标进行轰炸。而与此同时，舰艇与岸炮也做好了战斗准备，对前来进攻的飞机进行疯狂扫射。

正在此时，南云的第二攻击波比第一攻击波晚 1 个多小时来到珍珠港。但是南云的攻击机不仅受到了小川派出的拦截飞机的频频攻击，而且受到了瓦胡岛高射炮部队的拦截，损失惨重，派出的飞机只有一半回到母舰，而珍珠港内的军舰和瓦胡岛的军事设施只遭受轻微损失。

演习结果是，"红军"4 艘主力战舰被击沉、1 艘被重创，2 艘航空母舰被击沉、1 艘被重创，190 架飞机被击毁；"蓝军"损失也很惨重，2 艘航空母舰被击沉、2 艘受伤，127 架飞机被击落。总裁判裁定："蓝军"袭击失败。

此时，参演人员都明白，这意味着如果美国人得到及时的攻击警报，等待日本人的只有彻头彻尾的失败和死亡。

双方经过重新准备以后，第二次推演开始。

"蓝军"吸取了上次的教训。"蓝军"仍取北航线前进，中途折向南，于攻击前晚间抵达"红军"巡逻机侦察半径圈外，至瓦胡岛的距离约 1,200 公里，空袭编队由北发出，于次日拂晓"红军"巡逻机起飞侦察前飞抵目标，开始攻击。这次达成了突然性，"蓝军"突袭了"红军"军舰，使其遭受重大损失。"蓝军"损失甚微，成功地撤离了战场返航。

最后的演习结果是："红军"损失惨重，3 艘战列舰被击沉，1 艘战列舰被重创，航空母舰"列克星敦"号和"约克城"号被击沉，航空母舰"萨拉托加"号被重创，3 艘巡洋舰被击沉，另有 3 艘战舰损失一半战斗力。瓦胡岛的"红军"空军力量陷入瘫痪，50 架战斗机被击落，另有 80 架被摧毁在地面。

而"蓝军"只遭受轻微损失，返回日本本土。

总裁判裁定：袭击成功。

No.3 山本计划终获准

这次演习虽然成功，但偶然因素和冒险性太多太大，并未打消人们的疑虑。海军军令部和包括第 1 航空舰队司令长官南云中将在内的许多高级军官并没有被说服。他们仍然希望先占领东南亚，再把美国人从珍珠港吸引出来，最后在日本近海取得决战的胜利。

在演习期间，南云多次对山本说："北航线有很多危险，一有差错必然会造成重大损失。"山本拍着他的肩膀回答道："不必担心，一切责任由我来承担。"

反对的声音甚至传到了日本陆军的耳朵里，以致陆军参谋总长杉山元大将还亲自飞往联合舰队旗舰，会见山本。但是，山本成功地说服了他。他保证珍珠港的胜利只会对陆军有利，该项作战不动用陆军的一兵一卒。杉山则向山本保证，陆军不反对夏威夷作战。

一直负责完善夏威夷作战计划的草鹿龙之介也被计划中存在的诸多困难吓倒了，他不得不承认该计划实在是太冒险了。在 9 月底鹿岛举行的一次会议上，第 1 航空舰队和担任未来南方作战任务的第 11 航空舰队决定派各自的参谋长，草鹿龙之介和大西泷次郎，向山本面陈取消这次作战的理由。

10 月 3 日，大西和草鹿登上"陆奥"号，向山本面陈反对意见。

大西认识山本多年，深知他从来就是那种一旦下定决心，不达目的誓不罢休的人。他望着老友坚毅的面孔，知道此行任务艰巨。但是，由于此事关系重大，他硬下心肠，大声对山本说道："我坚决反对该项计划，无论如何我是坚决不会同意的。"草鹿也随声附和："是的，这项计划太危险了。"

山本体谅地拍拍老友的肩膀，让勤务兵先给两人端上一杯茶水，让他们平息一下内心的焦躁。

大西喝了口茶，镇静了一下情绪，缓缓地说："由于在菲律宾的敌航空兵力不断得到增强，仅以第 11 航空舰队的现有兵力来对付它是不行的。我想请求派第 1 航空舰队也参加菲律宾上空的歼灭战。所以我觉得应该再考虑一下进行夏威夷作战的问题。"

山本仔细地听着，但并没有发表任何意见，他转头对身边的参谋说："佐佐木参谋，你的意见怎样？"

佐佐木答道："根据军令部掌握的情报，在菲律宾的敌航空兵力大约有170架飞机，其中战斗机为75架。按照联合舰队作战计划，用第11航空舰队的兵力进行菲律宾作战，看来是没有什么大问题的。"

草鹿激动地说："进行夏威夷作战，那就犹如跳进敌人的口袋里。我认为，关系到国家兴亡大战中的第一仗，不应该冒这个险，进行投机性的作战。"

山本脸色一沉："草鹿君，不管我多么喜欢打桥牌和玩扑克牌，但也不能说那是投机性的啊！"

草鹿再也忍耐不住，一时性急，腾地一下站起来，大声对山本说："长官，你的计划根本就是投机性的，完全就是投机。"

草鹿的怒斥超越了上下级应有的礼貌界限。山本勃然大怒，他一拍桌子，直起身体，愤然地对草鹿说："不论如何，我已经下定决心，绝对不会改变主意。"

山本的怒火使草鹿明白自己的失礼，他低下头，双手撑在膝上，诚恳地对山本说："对不起，长官，我失礼了，请您原谅。"

大西还是无法打消心中的疑惑，他置疑道："可是，司令长官，这毕竟还是投机性的……"

山本语重心长地说道："你们所说的我都明白。但是，在进行南方作战时，如果美国舰队从东面空袭日本本土怎么办？难道说只要把南方资源地区拿到手，就可以让东京和大阪化为焦土吗？……总之，只要我是联合舰队司令长官，就要决心果断地进行夏威夷作战。

▶ 年轻时的山本五十六。

◀ 日本陆军参谋总长杉山元。（左图）

◀ 日本海军第 2 航空战队司令官山口多闻少将。

当然，我想你们两个航空舰队都有许多过重的负担和困难，不过，我还是希望你们本着夏威夷作战非进行不可这一想法去积极地进行准备。"

两位参谋长都清楚地知道山本司令长官的决心已是不可动摇的了。对山本司令长官早先就已心悦诚服的大西参谋长，此刻终于赞同了山本的意见。他以说服的口吻对草鹿参谋长说："是呀，草鹿参谋长，我们好好地干吧！"

草鹿最后也发誓说："将遵照司令长官的旨意全力以赴地干！"说完，便退出了司令长官的办公室。

当草鹿离开"陆奥"号战舰时，深明用人之道的山本破格地送行到船舷旁的扶梯前，并拍着草鹿的肩膀亲切地说："你说的我完全理解，不过，进攻珍珠港是我坚定不移的信念。希望你今后不要再唱反调了，要努力去实现我的信念。为了进行夏威夷作战，我将不遗余力地满足你的要求。"

面对山本强大的个人魅力，草鹿无法不屈服。

草鹿激动地回答说："我完全明白了。今后再不唱反调了。我将全力以赴地努力去实现您的信念。"

此时，在山本的劝说下，舰队内部基本形成了一致的意见，解决了内部的反对问题；但是，海军军令部依然持保留态度。

10 月 15 日，对与美国开战心存畏惧的近卫辞去了首相一职，由持强硬态度的东条英机大将继任。山本五十六决心与军令部摊牌，迫使他们接受夏威夷作战计划。

18日，黑岛龟人大佐受山本派遣，到军令部面见作战课课长富冈定俊大佐，阐明理由。富冈拒不同意动用全部的6艘航空母舰，而且对夏威夷作战计划也不同意。这时，黑岛使出了他的"撒手锏"："山本大将坚持认为他的计划应该予以采纳。他授权我声明，如果计划不被批准，联合舰队司令长官不再对帝国的安全负责。那样的话，他没有别的办法，只有辞职，他的参谋人员也都将辞职。"

富冈震惊地望着山本的这位首席参谋，这一威胁所蕴含的问题已经超出了他的权利范围。他说："我们必须去见福留将军。"

当山本的前参谋长认识到联合舰队司令长官的决心不可动摇后，他中止了进一步的讨论，把黑岛带到军令部总长永野修身的办公室，进行仔细商谈。听完黑岛汇报山本的决心后，永野无奈地表示说："既然山本如此执拗地坚持他原来的意见，那就让他试试看吧。"军令部总长终于批准了山本的计划。就这样，根据永野总长的决定，受到重重阻力的夏威夷作战计划终于被纳入到军令部的作战计划中了。

但是，山本的计划还存在两个冒险因素：一是被美军发现；二是关于美国的大型航母和珍珠港内的情况。此时，另一批小人物出现在历史的舞台上，对这场旷世大战做出了巨大的贡献，也为这场战争谱写了最为惊险刺激的乐章之一。

第四章

谍影重重

　　进攻"珍珠港"获得成功的一个重要保证是：日本在夏威夷当地建立了一个有效的情报网。"美国海军活字典"吉川猛夫化装成花花公子，在夏威夷四处收集情报……与此同时，美军弗雷德曼中校领导的小组发明了自动破译密码仪器"魔术"，破译了日本大使馆最机密的密码系统"紫码"。可惜阴差阳错，"魔术"情报没有被及时送达。"太阳丸"号邮轮装载着珍珠港美军的所有秘密返回了日本。

▲图为晴空万里的夏威夷的清晨，一天的生活即将开始。

No.1 "襟裳"号建功

为了做到知己知彼，日军也在搜集美军情报上下了很大功夫。1941 年 5 月后，派到珍珠港的日本间谍多达 200 人，从各方面搜集珍珠港的天气、水文、地形和美军基地、飞机、舰艇部署的情报。

其实，日本从很早以前就开始积极搜集关于美军、尤其是关于珍珠港美军的情报了。日本对美军的谍报工作，至少可以追溯到 20 世纪 30 年代初期。

　　从 20 世纪 30 年代初期开始，美国就把日本当作自己未来的作战对手。1932 年 1 月，在美海军上将哈里·亚纳尔的指挥下，美海军举行了袭击珍珠港的演习，目的在于检验太平洋的海军基地防卫能力。

　　日本人对美军的这次演习很感兴趣。当日军得知美军将要进行"袭击"珍珠港演习后，日海军立刻派出了特务舰"襟裳"号油轮前往夏威夷侦查。因为日本一直非常依赖美国向它提供石油，所以它借口去美国西海岸购买石油也就没有引起美国的任何注意。

　　为了完成好这次侦查活动，日本在特务舰上配备了自己最好的通信谍报专家。其中包括深町让少佐，他是军令部的王牌通信谍报专家，在舰上担任通讯长职务；另外，舰上还有不少精通通信谍报工作的下级军官，充当深町的部下。

　　此外，还有一位重量级的人物也参加了这次侦察活动，他就是当时还是少佐的小川贯玺。他是日本军令部有名的"美国通"，长期研究美国军队、尤其是美国海军的战备和训练情况，在日军内享有盛誉。在此次对美军演习的侦察中，他发挥了不可或缺的作用。而他在此次侦察过程中所掌握的情报，也对 9 年后日本"重演"袭击珍珠港起了非常大的作用。

　　为了更好地进行监听，"襟裳"号油轮还安装了一套当时最先进的无线电监听设备，截取美军话报和通信，从而掌握演习的第一手资料。

　　在派出特务舰之前，日本已经在夏威夷布下了一个情报网，日本谍报人员伪装成游客、商人、理发师等，潜伏在珍珠港附近。在"襟裳"号到达之后，日本要求这些潜伏在珍珠港上的日本间谍全力搜集美国此次演习的情报。这些谍报人员早早选好合适的位置，在海港附近的公园里、海港周围浓密的树林中、临近演习区域的山头上、美军士兵出入的酒吧餐馆里、摇荡在海面上的舢板和游艇中，全方位地监视搜集演习情报。

"襟裳"号进入美军指定的演习区域后，船上船下的谍报人员立刻采取一切措施监听美军的无线电波，努力掌握美国此次演习的规模、编制和演习的各个细节等重要情报。

这次搜集的情报，成了日本人制定偷袭珍珠港计划的重要依据之一。而日本袭击珍珠港几乎就是此次演习的一个翻版。无怪乎在日本发动袭击后，指挥此次演习的美国亚纳尔海军上将痛心疾首地说："这些完全跟我们9年前的演习一模一样呀。"他的心情格外沉痛，言语中也颇有悔恨之意。是呀，当年他策划和指挥这次演习本来是为了检验航空母舰和海军航空兵的巨大威力，也是为了引起美国当局的高度注意，让他们认识到美军在太平洋地区、在珍珠港的军事部署上存在着严重的纰漏，很容易成为敌人攻击的目标，从而给美国海军带来致命性的打击。可是这个经验和教训不但没有得到美国当局和海军的重视，反而成了敌人打击自己的指南，这怎能不让他感到格外痛心和懊悔呢。

No.2 功不可没的吉川

日本飞机能准确地轰炸珍珠港，重创美国海军，和一个日本间谍的活动是分不开的。这名间谍叫吉川猛夫，化名为森村正。

实际上，在吉川登上舞台之前，海军情报部早已在夏威夷成立了一个谍报组。当时他们雇佣了一个名叫奥托·库恩的德国人、一个和尚和两个日本血统的美国人充当谍报员。奥托·库恩是希姆莱的旧友，因为希姆莱不赏识他，他只好脱离纳粹，避居到夏威夷。他在做房产的买卖中赔掉了老本，只好靠充当日本的间谍得点儿报酬来维持一家人的生活。奥托·库恩称自己社交很广，认识许多要人。这不过是在吹牛，实际上，他所提供的都是些无关紧要的情报。

而日本驻夏威夷领事馆也成了瓦胡岛间谍的温床。日本驻夏威夷领事馆总领事郡司喜一也在积极组织搜集关于美国海军在夏威夷部署与活动的情报。

1940年，在郡司回国后，海军军令部委派奥田乙治郎前往檀香山，组织和领导夏威夷的情报网。奥田是一位精明能干的谍报组织专家，他迅速拓展了夏威夷的间谍工作。当时监测美国舰队并非难事，因为当地新闻和媒体常常报道有关美军舰只和人员的情况，所以只要注意搜集和整理就可以得到很好的情报。但是后来，由于美军越来越注意保密工作，夏威夷的新闻媒体也开始有意识地保密有关军事方面的情况，从公共渠道获取新闻变得非常困难。而且，领事馆提供的情报大都仅仅是一些说明哪些美国军舰在港口停泊的一般性情报，远远满足不了山本制定作战计划的需要。山本需要知道每一艘美国军舰的准确停泊位置、美国在珍珠港空中巡逻以及飞机部署方面的无数问题，这些问题对作战计划的制定以及执行的成功与否起着至关重要的作用。日本海军军令部根据山本的要求，决定派一名海军情报专家前往珍珠港。这个人就是吉川猛夫。

就这样，吉川猛夫这位已有"美国海军活字典"之称的少尉军官走上了珍珠港这个大舞台。

经过8个月的严格训练之后，1941年3月27日上午，日本海军情报部主管美国方向的第五科的少尉吉川搭乘日本邮船会社的"新田"号客轮从横滨抵达檀香山。

这位日本海军最高级的秘密间谍当时只有29岁，身材瘦长，个头中等，看起来非常年轻，而且看上去天真质朴得令人感动，根本不像是一个老练的间谍。他过去从未有过从事间谍的经验，左手食指断了一节，作为一名间谍，这是一个致命的缺陷，因为这是个很容易被识别的外貌特征。

但是，吉川的这些"缺点"恰恰正是一个有利因素。因为他从来也没有被列入会引起美国情报机关注意的使领馆人员名单，而且他本人几乎就可以说是一本活的美国海军百科全书，他对美国海军的了解连许多海军专家也会自叹弗如。

刚一到任，他就开始了活动。他化名为森村正，并伪装成日本驻檀香山总领事馆外交官。为了既搞准情报，又保障自己的安全，他考虑不能依赖外人，要靠自己的力量去干。由于直接关系到作战胜负，情报准确性是第一位的，因此，他必须亲眼看，亲耳听，亲自分析判断，才能得到准确的情报。

他住进了由日本女人藤原波子开设的春湖饭店。这是一家坐落在山头，俯瞰珍珠港的豪华饭馆。女老板波子告诉吉川说，她手下有5个从日本带来的、训练有素的艺妓，可供他消遣。从此，吉川常常化装成"花花公子"，身穿绿色西装和鲜艳的夏威夷衬衫，头戴插着羽毛的当地帽子，带着漂亮的艺妓，或是乘小飞机，或是坐小汽车到处兜风，借机四处观察地形。

他在乘坐观光飞机对夏威夷各岛进行侦察后，得出结论：除了珍珠港内，其他地方都没有美国海军舰只。因此他就把注意力全都放在对瓦胡岛上的侦察上。瓦胡岛上除了珍珠港外还有许多军事基地，有的还在扩建，有的已经建成。它们的情况以及岛上的兵力部署和调动都需要搞清楚。要靠一个29岁的年轻人探明如此庞大兵力的动态，的确不是件容易的事。

他从不用望远镜等工具，在一个地方的观察时间一般不超过30分钟。他记忆力超群，为了防备联邦特工人员的注意和跟踪，身上从不带地图，全凭脑子记忆各种信息和地形地物，晚上回到办公室才标在地图上。对于重要情报，他都与领事、副领事商量，"交谈"采用笔谈的方式，不讲话，怕隔墙有耳。情报有时用领事馆的发报机发出，有时则花钱从夏威夷民间广播节目中播出。当地民间广播台在晚饭后的广告节目中，常有这样的内容："丢失了一条名叫'麦耶'的警犬"；"近乎全新的中国地毯"，等等。这里的"'麦耶'警犬"和"中国地毯"，都是美海军航空母舰战列舰的代号，"丢失"则表示出港了。

为了尽快掌握情报，他时而穿着农民的衣服，藏在甘蔗地里，偷窥附近的军事基地，时而又装扮成渔民，在海军基地旁徘徊；即便是夜里也不能闲着，他常常邀请那些在街道上闲逛的美国水兵去酒吧喝酒。在酒精的麻醉作用下，水兵们常常会泄漏出一些有关的军事情报。为了不惹人注意，他很少直接问问题，常常用聊家常或是打赌的形式来套取情报。

吉川在总领事馆的薪水是每月150美元，外加半年的600美元活动经费，这笔钱在当时可不是个小数目。他出手大方，言语豪迈，交了不少朋友，许多当地人为他提供了不少有价值的情报。他还成了当地出租车司机的老主顾，为了不引人注目，他不敢买车，汽车的牌照太容易被人识别和跟踪，所以他只乘出租车，而且为了隐蔽起见，在去一个地点的路上，他常常要换乘好几次汽车。

日积月累，他每天都细致地把停泊在港内的舰船数量和类型，用自己独创的密语符号，记在自己的黑色笔记本上。随着时间的推移，他发现每到星期六和星期日，总有一大批军舰停在港内。为了侦察飞机巡逻的情况，他常常在天亮之前就出发，潜伏在一些特意挑选的地点，观察飞机起飞情况。终于，他有了一个重大的发现——美国人从来不向瓦胡岛的北面派遣巡逻飞机。

但是，还有许多核心问题没有搞清楚，例如，珍珠港内的舰艇数量在不断变化着，而且这种变化几乎没有什么规律，它们不在港里的时候都去了哪儿，干了些什么？它们活动的编队、速度等又是怎样的？

这些问题很难被侦察到。吉川想找一个能协助他的助手，但是在夏威夷，日本人虽多，却都帮不上忙，因为这些人要么把自己看作忠诚的美国人，要么就是对军事知识一无所知，只会吹牛。他也曾混入美军俱乐部打杂，但除了学会美式洗盘子法和夏威夷式扫地外一无所获。

后来，他发现了一个最有效而且很安全的方法，那就是和春潮楼的艺妓们打得火热，这个地方常有美军官兵光顾，在沉醉于烟花酒乐之时，常常会向这些艺妓透露很重要的情报。

在对珍珠港的军事情报作了深入了解之后，吉川决定搞清楚夏威夷的气象情况。他深

▲大战前夕，珍珠港谍影重重。

▲美军女话务员利用"魔术"破译日军电报。

知气象条件对于作战具有重大的影响。但当时，日美两国为了保守军事秘密，从不公开在报纸上刊登每天的天气预报和气象图，所以局外人都无从知晓。为此，他曾跑到夏威夷大学、市图书馆等地去查阅资料，但都一无所获。

9月的一天，在参加一个同乡会时，有人无意中提起檀香山市有一个日本业余天文学家对流星进行过长期的研究。说者无意，听者有心，吉川急忙问明地址，匆匆赶去。这位日本籍的业余天文学家已经进行了长达30多年的天文研究，但并没有取得任何成果。吉川望着这个苍老的业余天文学家，心里就忍不住有种冲动，想告诉这个老人他终于可以为国家作点儿贡献，可以有点儿成就了。但他忍住了，装作感兴趣的样子和老人聊天，请教天文和气候方面的知识。他告诉吉川他的一个重要发现："夏威夷30多年来没有经历过一次暴风雨，而且瓦胡岛上东西走向的山脉北面总是阴天，而南面总是晴天。"吉川听后如获至宝，因为这意味着飞机可以在瓦胡岛上空不受季节限制地飞行，难怪美国海军把珍珠港作为它在夏威夷群岛的唯一基地呢，而这也意味着，在日本发动攻击时可不受气象条件限制，随时可以出动飞机。

9月6日，日本御前会议下了开战决心之后，对珍珠港情报的要求变得更加具体和迫切了。东乡外相还致电驻夏威夷总领事喜多，指令他说："鉴于目前形势，查明美国战列舰、航空母舰、巡洋舰在珍珠港的停泊位置是极为重要的。因此望今后尽可能每天报告这方面的情况。另外，请电告珍珠港上空有无阻塞气球，或有无施放这种气球的迹象。并请告知我们敌战列舰周围是否装置了防鱼雷网。"

这份电报的真正发报人是海军军令部情报部，收报人是森村正书记员，即海军少尉吉川猛夫。

在他到职后不久的那段时间里，东京要求他每星期大约提供一次情报。到八月份以后，就要求他每三天提供一次情报；而现在终于要求他每天提供一次情报。不仅如此，东京还要求他提供关于阻塞气球和防鱼雷网的情况。

要求增加提供情报的次数，以及东京对阻塞气球和防鱼雷网的关心，这就足以说明开战的日期日益迫近，而且攻击的目标就是珍珠港内的美国太平洋舰队。

吉川看完这份电报后大吃一惊，他咽下一口唾沫后立即返回宿舍，开始整理他身边的东西，他已直觉到"为国效劳的最后时机已经来到"。

他毫不痛惜地烧毁了半年多以来费尽心血搜集得来的各种资料。为了怕留下后患，他还烧毁了与挚友一起拍摄的照片。凡是废纸篓里和抽屉里能构成证据的东西，甚至连夏威夷群岛的游览地图，也都统统付之一炬。

吉川烧毁了这些东西后，放下了心，自言自语地说："啊，现在无牵无挂啦！既然这样决定了，那我就排除万难，奋不顾身地去搞情报工作了。这次很可能被美国方面逮捕，但只要袭击成功，我死也瞑目了。"

通过不懈的努力，吉川把美国太平洋舰队基地的情况搞得一清二楚，为山本五十六偷袭珍珠港计划提供了准确的情报。他将情报以外交密码发回外务省再转海军，为日本海军提供了大量有价值的情报，其中包括：美军在不同日子的舰艇停泊情况和活动情况，珍珠港美军飞机的机种和数目，珍珠港的防空设施等。他为日军的偷袭成功立下首功。开战后，吉川的身份没有暴露，作为外交人员和美国驻日本的外交人员交换，得以回国，并因此获得日本和德国授予的勋章。

此外，为了得到北航线的实际情况，日军于10月派出两批共4名军官，化装成商人和水手，搭乘经北航线的船只赴檀香山，实地考察北航线的气象、海情及航道情况。除了派遣间谍获取情报外，日军还加强对夏威夷广播和电信的监听。经过这些努力，在开战前，日军已准确掌握了美军在珍珠港的防御设施、兵力部署、舰艇和飞机的种类数量、驻泊停放情况、美军的活动规律等情报。

No.3 未被重视的"魔术"

其实，美国对日本一系列的动作并不是一无所知。就在日本情报人员积极搜集美军的情报的时候，美国也在试图破译日本的电报电码。虽然夏威夷的美国陆海军反间谍机关和联邦调查局没有发现吉川等人的间谍活动，但是，华盛顿的情报人员却成功地破译了日本外务省和驻外使领馆的往来电报。

1937年，日本开始启用2597式密码打字机。这种打字机的保密性极好，在很长一段时间内，美国一直无法破译这种密码。

1930年代末，威廉·弗雷德曼，这位康奈尔大学的高材生在大学毕业后即进入美国陆军的河岸（Riverbank）研究所钻研密码术。1940年8月，在弗雷德曼陆军中校的领导下，美国陆海军联手制造出了一台自动破译密码仪器。在这种破译机器的攻击下，2597式密码机的壁垒被打破了，日本的外交电报就被源源不断地送到美国决策人员手中。

当时，日本人同时使用着几种外交密电码。其中最机密的密码系统被称作紫码，用于东京与驻外使馆的电报；而密级较低的、被称为J码的密码则用于外务省与许多驻外领事馆的电报，自然也包括檀香山的总领事馆。美国人给对紫码及其派生码的破译取了一个神奇的名字——"魔术"。"魔术"发挥了一定的作用，比如，1941年7月19日，美国破译日本驻广东总领事于14日发给外务省的电报，得知日本将以法属印度支那为基地，进占新加坡，以空军和海军"坚决粉碎英美的军事力量"。这份情报的直接后果是美国和英国、荷兰等国冻结日本资产。此外，美国还成立了以麦克阿瑟为首的远东陆军部队。

而且，美国有了"魔术"，就意味着美国政府事实上完全知道东京给驻美大使野村吉三郎的指示及他从大使馆发回的报告，吉川的电报自然也不会例外。

遗憾的是，美国人并没有充分利用"魔术"的潜力。由于缺乏制造紫码破译机的元件，到1941年，美国总共只有8架紫码破译机。华盛顿有4架，分给陆海军各2架；菲律宾麦克阿瑟处有1架，因为那里是截收日本电报效果最好的地方；另外3架则送给了英国。这样一来，夏威夷地区就没有紫码破译机。再加上没有足够的无线电设备，各个监听站截收到的电报无法迅速地发往华盛顿，只得使用普通航空邮路寄送。如果天气情况不好，就只好改用火车或是轮船传递电报。当时，夏威夷和美国本土之间每周只有一次空中航班。

截收到的电报即使传到了华盛顿，仍然无法立即发挥作用，还要经过一个复杂的处理和分级过程。首先，电报要被送到陆海军的通信局，由他们负责电讯解码，然后再交给陆海军情报局的远东科，由那里的工作人员翻译成英语。最后，电报译文才送给有关人士阅读。为了保证"魔术"秘密不致外泄，1941年的一项协议规定，有资格阅读"魔术"情报的权威人士只有12位，即所谓的"十二使徒"，其中包括总统罗斯福、总统军事顾问埃德温·沃森少将、国务卿科德尔·赫尔、陆军部长史汀生、陆军参谋长乔治·马歇尔上将等人。而太平洋舰队司令官金梅尔和夏威夷陆军部司令肖特都没有权利看到"魔术"情报。只有在"十二使徒"看完情报，并决定相应的对策再下发到前线各部队，部队首长才能获悉情报的大致内容和上级的相应决策。

1941年9月24日，军令部第三部的小川贯玺大佐通过日本驻夏威夷总领事喜多给吉川发来一封电报，要求他把珍珠港水域分为五个部分，报告太平洋舰队主要舰艇在水域内的停泊位置。

夏威夷陆军部所在地沙夫特堡的监听站准确截收到了这封电报。9月28日，未被破译的电报由轮船送往旧金山，运到华盛顿的陆军部时已是10月3日了。10月9日，陆军情报局将其翻译成英文。从该电报被截收时算起，半个月的时间过去了。由于夏威夷没有紫码破译机，金梅尔和肖特两位将军自然无法及时知道日本人已经准备对太平洋舰队下手了。

美国陆军情报局远东科科长鲁弗斯·布拉顿上校通过对这份所谓的"炸弹弹着点标

示图"的分析研究，认为日本人对珍珠港表现出了不寻常的兴趣。可是，他的上级们都认为这是海军的事情，而他的海军同行们则把它视作日本人简化通信和降低成本的企图。更为荒唐的是，海军作战部长斯塔克一直以为太平洋舰队司令官金梅尔海军少将了解"魔术"情报，于是，这份"炸弹弹着点标示图"就被束之高阁了。

11月5日，"魔术"破译了东京外务省致野村大使的指示：应做出最后的努力进行谈判，如果谈判失败，太平洋的局势将处于"动荡的边缘"。美国驻日本大使约瑟夫·格鲁大使再次提醒国务院，这轮谈判的失败将导致一场"全力以赴的殊死斗争"，日本"将不惜冒举国玉碎的风险，以免受经济封锁的影响，而不向外国压力屈服"。

12月3日，"魔术"破译了外务省致喜多总领事的电报。电报要求喜多每天汇报珍珠港内的军舰进出情况，以及在珍珠港上空是否有阻塞气球防护网，是否有防鱼雷网等情况。但是，"魔术"同时发现，日本对菲律宾、美国西海岸和巴拿马也同样有兴趣，这种情报如果不加特别分析，没有特别的警惕性，情报人员很难意识到日本海军的真正目标所在。

12月5日，"魔术"截收到吉川猛夫发自夏威夷的情报，情报中报告了5日下午港内舰只的情况，可是，这份情报没有得到及时处理，而是被保留在文件筐里。

应该说，借助"魔术"，美国在战争爆发前确实掌握了一个很好的情报来源。美国情报界从中了解了日本的开战意图，知道战争的爆发不可避免。但是，"魔术"的缺陷是显而易见的。它只说日本准备打仗，但何时打，怎么打，"魔术"一概没有涉及，从而为美国留下了一个情报缺口。而且，"魔术"破译的是日本的外交电报，而对美国更为有用的却是日本的陆军电报、尤其是海军电报。对于这些，"魔术"都无能为力。

No.4 开往夏威夷的日本客轮

经过吉川等人不懈的努力，日本海军情报部掌握了关于珍珠港美国海军的大量的情报。但是距离达到保证珍珠港作战的要求仍然相差甚远，山本认为目前海军对珍珠港情况的了解还很肤浅，要求军令部情报部门进一步加强情报搜集工作。而随着预定开战日期的临近，日本军令部也决定进一步加强对珍珠港的侦察工作。

此时鉴于日美开战在即，各国都开始从日本撤退除外交官以外的所有侨民。美国也冻结了和日本的一切经济往来，并终止了日本和美国之间的航运。为了恢复航运，重新通航，以便于利用这些船只进行间谍活动，日本军令部敦促外务省与美国重开谈判。10月12日，美国国务卿赫尔和日本野村吉三郎大使经过几个星期的谈判，达成如下协议：允许三艘日

▲日本人用"龙田丸"号精心设计了一场骗局。

▼珍珠港遇袭前在港湾内停泊的美军潜艇。

本邮船公司的客轮从日本到美国航行一次，条件是船上不能装载货物。

在这个紧要关头，海军部抓住这难得的机会，决定派遣相应领域内经验丰富的海军军官亲自到珍珠港，进行实地考察，弄清各种情况，因为他们担心来自檀香山的报告缺乏技术细节，此外，电报也不可能把从珍珠港搜集到的所有情报都毫无遗漏地传递回来。

10月15日，"龙田丸"从横滨港起航。船长木村阪男是一位预备役海军军官，他的手下全是新船员。随船前往的是军令部第三部（情报部美国科）参谋中岛凑少佐，他化妆成该船的事务长。

在轮船即将起航的时候，山口文次郎海军大佐交给船长一个密封信封，吩咐他仔细保管，把它交给日本驻檀香山总领事。这封信要求喜多全力以赴搜集有关驻珍珠港美国海军的情报，特别指示喜多立即准备一份详尽的地图，准确地标明瓦胡岛每个军事设施的规模、兵力和所在位置。并说明地图将由一位随后到达檀香山的情报人员取走。

10月23日，中岛等人搭乘的"龙田丸"抵达檀香山码头。喜多总领事接待了来访的本国人，在和中岛握手之际，中岛满面微笑着拉紧他的手，悄悄递过去一根用日本纸捻成的纸捻儿，喜多会心一笑，乘人不注意，偷偷塞进了西装的口袋。

回来后，喜多和吉川打开纸捻儿，上面密密麻麻写满了小字，共向吉川提出了97项问题，包括停泊舰船的总数、类型和位置等等。中岛还要喜多转告吉川，务必在大后天开船前答完所有问题。

就在吉川绞尽脑汁、四处打探并认真填写这些问题的答案的时候，10月22日，"太阳丸"号从横滨起航，同"龙田丸"一样，它也严格保持无线电静默。在"太阳丸"上，有另外三名特工人员正在向瓦胡岛进发。

这三名特工一位是老资格的潜艇专家前岛俊秀海军中佐，他化装成船上的医生，他的助手是特种潜艇军官松尾敬宇中尉，是从第6舰队挑选出来的，负责探明微型潜艇是否有潜入珍珠港的可能性；第三名成员是飞行专家铃木荣少佐，他在军令部情报部门专门研究美国空中力量，特别是航空母舰的战斗能力。根据军令部的指示，"太阳丸"号并没有按照它的预定航线航行。前岛等人密切注视北太平洋航线上所有舰船的动向，记录所过海域的气象和海面情况。结果出人意料，在驶向夏威夷的整个航程中，没有看到任何种类的一艘船只，一路都是好天气，而且有足够的雾气和云可以提供隐蔽的薄幕。直到11月1日黎明前，船抵达瓦胡岛以北200海里的关键海区时，第一架美国巡逻机才不紧不慢地从云雾中探出头来。

11月1日，星期六上午8点半，"太阳丸"号抵达夏威夷，这个时间选得妙不可言，这与将来实施袭击的时间几乎是相同的。他们周末进港，正好可以观察星期日的整个情况，未来袭击的日子就是定在星期日。当然了，这个时间并不是巧合，而是经过军令部精心策划的。

"太阳丸"号在港口停泊5天。铃木和前岛手持望远镜仔细观测，为了不引起美国警方的注意，他们一直待在船上，而且不做任何笔头记录，以免美国当局突然检查"太阳丸"号时出意外。

在"太阳丸"停泊的4天中，领事馆每天都会派人上船送报纸，报纸内卷着备忘录和写有军事情报的小纸条。喜多要求吉川把答案写得越小越好，他不希望这些夹有纸条的报纸太大，引起美国人的注意。这些报纸每次都要经过美国保安警卫的检查，但这些警卫极低的警惕性帮了他们的大忙，每次手持报纸的领事馆人员不等警卫前来检查，主动就翻动报纸，警卫马上就会点头放行。前岛等人再从报纸中拿到备忘录等情报，加以抄录或掩藏。有时铃木还会爬上驾驶台，去核对刚拿到的情报。

对于军令部提出的97道问题，则统统都由吉川负责回答。有些问题吉川早已成竹在胸，例如：港中在泊舰艇最多的时间是星期几？吉川马上就可答出是星期日；但也有些问题他答不上来，还需要再去侦察。例如，为了回答珍珠港出入口有无防潜网的问题，吉川听说有，但未查证，他只好冒险前去侦察。吉川换了一身菲律宾的衣服,扛着一根竿子,向珍珠港走去。他躲在附近的树林中，天黑后潜到港口入口处，悄悄地下了水，潜入水下来回摸，没有发现防潜网，只好悻悻而返，以不肯定的语言做了报告。铃木他们在船上也偷偷拍了不少珍珠港及希卡姆机场等要地的照片。

经过他们的共同努力，涉及的97道情报内容的答案终于整理出来，并送到了前岛等人手中。11月5日，搭乘"太阳丸"号的乘客在经受了夏威夷海关严格的检查后，"太阳丸"驶离了檀香山。由于大部分侨民和工作人员已经撤离，而且美国方面严格控制送行人员的数量，所以往常总是熙熙攘攘的码头空无一人，没有人挥动彩旗，没有人挥手告别。在这些人中，最高兴的是前岛、铃木等人，因为他们终于完成了任务，而且获得了极其重要的情报。他们知道，再没有什么能够阻拦日军大举进发的脚步，他们心里也明白，他们离开时这里是天堂，等他们回来的时候，这里就将是人间的地狱。

随着"太阳丸"号静静地离去，夏威夷同日本最后的直接联系被切断了。大战即将到来。

第五章

日本人的外交欺骗

　　为了掩盖真实的企图，日本一直要求和美国展开积极的对话和磋商。除了外交欺骗，为确保偷袭的突然性，日军还采取了一系列的战略欺骗和伪装，制造进攻苏联的假象，掩盖对美国的作战准备。10月，在日本内海组织登陆演习，还邀请各国驻日武官参观，以吸引各国的注意力。12月例行的从横滨到檀香山的定期邮船"龙田丸"号也照常出航。

No.1 和谈烟雾弹

日本为了掩盖真实的企图，一直要求和美国展开积极的对话和磋商，而美国为了避免战争，也为了在战争无可避免的情况下尽力拖延时间，从而可以重整军备，加速国防建设，双方就在这样的情况下加紧了谈判。

日本以和谈作为掩护，为了争取美国的信任，1941年2月，日本任命退役海军上将、美国总统罗斯福的朋友、著名的亲英美人士野村吉三郎为驻美大使。他在几个月中与美国官员的会谈多达数十次。日本方面还极力想促成美国国务卿赫尔与野村吉三郎进行会晤，来修补日趋紧张的日美关系。

7月，近卫首相致信罗斯福，表示两国间没有不能用谈判解决的问题，并保证绝不侵犯英美在东南亚的利益。在8月7日，日本政府还提出日美首脑在夏威夷的檀香山直接会谈，通过和平的手段来解决两国的争端。

对于近卫提出要与罗斯福会见，赫尔认为，近卫的建议只不过是缓兵之计，但赫尔并未关死谈判的大门。赫尔对野村大使说，日本的政策和行动"有待于日本政府去决定"。8月17日，刚与英国首相会谈结束回国的罗斯福对美日和谈仍抱一线希望，他召见了野村大使，提出"美国准备重新恢复7月间中断的非正式预备性讨论"。野村立即给东京发报：勿失良机，速作回复。日本为了争取时间，同意了罗斯福的建议。但美国对日本的狡诈本性已有所认识，迟迟未作进一步回复。

9月3日，日本内阁在宫内省召开的联络会议上做出决定："为保卫帝国的生存，（对美谈判）以10月上旬为初步截止时间，在此之前，作好战争准备。到那时如有必要，就决心与美国、英国和荷兰开战。"日本军方的作战计划已制订完毕，到那时，海军和陆军将分头同时袭击珍珠港和香港、马来亚与菲律宾。

此后，日美双方你来我往又进行过几次试探，都未在谈判问题上取得任何进展，反倒造成了日本内阁的危机。10月18日，东条英机就任首相，自此，日本被一步一步被推入扩大侵略战争的深渊。

东条内阁上台后，战争的爆发只是一个时间的问题。但是，东条为了麻痹美国，争取时间，于是作了一个姿态，派遣老资格的外交官来栖三郎赴美协助野村大使工作。来栖娶了个美国人为妻，是公认的亲美派。与此同时，日本内阁与军方却又在秘密讨论何时为与美谈判的最后期限，何时对美开战。几经激烈地争论，才达成一致意见，决定11月30日午夜为谈判截止时间，同时提出了两套与美谈判的方案，方案中所列条款都是对方难以接受的。实际上这两个方案都是为了转移美国人的视线、分散美国决策者的注意力而制订的。

　　野村和来栖根据东京的指示分步将甲、乙两个方案递交美国国务院，由于要价太高，并不接受美国提出的从中国和印度支那撤军、取消三国同盟条约等要求，被怒气冲冲的赫尔拒绝了。

　　山本五十六的特遣舰队按预定时间向珍珠港进发了。日本时间12月7日，也就是机动部队出发11天后，日本外务省给驻美大使馆发去了对美最后通牒的电报。出于策略的考虑，这份电报分两次发出：7日发前13部分，8日发第14部分，即宣布与美断交的那一部分。日外务省指示野村，务必于华盛顿时间7日下午1时准时递交给赫尔。由于翻译电报晚了1个小时，当野村气喘吁吁地跑到美国国务院赫尔办公室递上最后通牒时，日本飞机已经对珍珠港实施了1个多小时的攻击。对于日本的最后通牒的内容，赫尔已于两个半小时前就知道了，并且已得知日本正在轰炸珍珠港的消息。因此，当接到野村递来的电报后，他只问了一句："大使先生，你为什么要约定1时会见我呢？"然后就愤怒地挥挥手，令野村出去了。

　　赫尔之所以能提前两个半小时得知日本最后通牒的内容，是由于美国情报部门早就破译了日本的外交密码，因此，日本向驻美大使馆发的所有密电均被截收。但是，日本的外交掩护还是获得了巨大的成功，一直到日本在珍珠港投下最后一枚炸弹为止，美国都没有能够采取足够有效的措施防范日本的袭击。

▲笑里藏刀的野村大使和来栖特使正准备离开白宫。

山本的计划能够如愿以偿，也得益于日本成功的外交欺骗。

No.2 战略欺骗

为了确保偷袭的突然性，日军还采取了一系列的战略欺骗和伪装。

首先，就是我们刚才提到的以和谈为掩护。日本先后派出多人赴美谈判。直到 1941 年 12 月 7 日，也就是开战前一天，日本政府还照会美国，声称日本不拒绝谈判。

其次，1941 年 7 月，日本关东军由 11 个师 40 万人增加到 20 个师 70 万人，并举行了大规模的"关东军特别演习"（简称"关特演"），制造进攻苏联的假象，掩盖对美国的作战准备。10 月，在日本内海组织登陆演习，还邀请各国驻日武官参观，以吸引各国的注意力。12 月例行的从横滨到檀香山的定期邮船"龙田丸"号照常出航。

12 月 5 日早晨，500 多名横须贺海军水雷学校的见习生坐着列车，从横须贺抵达东京。他们头上的水兵帽上的标志都换成了"大日本帝国海军"，而不是"海军水雷学校"这几个字。他们装扮成日本海军官兵，在教官岩重政义大尉的率领下，列队向皇宫的广场走去。一路上不停有记者和好奇的民众在两旁拍照，而在队伍的不远处，还能见到各国的领事人员在好奇而警觉地观望。

与此同时，另一群大约 500 名海军炮术学校见习生在教官境民藏大尉率领下，也从另一个方向抵达了皇宫广场，他们也没有佩带海军学员的标志，而是一色海军官兵的肩章。两股戴着同样水兵帽的大军在广场汇合，并一起在二重桥广场参拜了皇宫。随后，各自按自己安排的路线进行参观。水雷学校的见习生参拜了明治神宫和靖国神社后，还前往有乐町车站附近的《朝日新闻》社参观，并在《朝日新闻》社门前合影留念，下午允许自由活动。见习生们一下子都拥到了东京闹市区，他们好奇地在繁华的银座大街上闲逛。这么多身穿鲜艳蓝制服的水兵突然出现在银座大街的人行道上，一下就吸引了许多路人驻足观望。

12 月 5 日到 12 月 7 日的三天里，日本海军组织江田岛海军军官学校的 3,000 名见习生和海兵团的学员，装扮成海军官兵游览东京，营造太平景象，同时作为掩盖机动部队驶往夏威夷采取行动的一种手段。

有的人皱着眉头说："在目前这样紧张的形势下还到东京参观游览，搞什么名堂？"

还有人也不满地说："日本海军都在干什么？这也未免太悠然自得了吧。"

但是也有人对此钦佩不已地说："真不愧为日本海军，如此从容不迫。"

还有人在嘀咕："这么悠闲，看来不会打仗了吧。"

而一贯喜欢刨根问底的记者们却没有穷追不舍地追问，只是一个劲地不停拍照，并偶尔采访个别"海军军官"，请他们谈谈在这种紧张气氛下忙里偷闲、游览美丽东京的感想。很快，日本的各大媒体都登载了这一新闻，而这些新闻也很快被传到了英美等国。

但是，玩弄这样一种滑稽可笑的手法，其真正的目的不是别的，而是"要欺骗敌人，首先要欺骗自己人"。由于此时美英等国的谍报机关都在拼命刺探日本的情报，尤其是日本是否会开战、何时开战的情报，所以大本营海军部便认为组织水兵到东京参观游览，可以用来掩盖日本方面决心开战的真实企图。

根据大本营海军部的意愿，各家主要报纸都对这一事件予以报道。12 月 7 日，《朝日新闻》晚刊以《三千海军勇士来社参观》的标题作了报道，并刊登了水兵们参观报社的照片。

此举看来收到了预期的效果。

不仅如此，由于航空舰队等的大部分舰载飞机都在鹿儿岛进行紧张的训练，为了不让国民和国外情报机关察觉到这些飞机的神秘消失，日本大本营又抽调其他部队的飞机进驻参训部队的基地，同时还保持这些基地原有的正常飞行和通信。

这些掩人耳目的措施可谓煞费苦心，也确实收到了良好的效果，日本海军长达半年的集训一直都没有被国外情报机关侦察到。

▲出席日美谈判会议的日方代表。

　　最后，日本还加强了保密措施。在很长时间里，袭击珍珠港的计划只有山本和极少数高级军官知道。参战部队训练地点在日本南部的鹿儿岛和佐伯湾，参加训练的官兵都对训练的目的一无所知。同时为了掩人耳目，日本海军还将集结地点选在人烟稀少的北方择捉岛单冠湾。在突击编队集结过程中，各舰都选择远离商船航线的偏僻航线，分批按不同的时间、以不同的间隔前往。在航行中，各舰的收发报机一律加上铅封，实行严格的无线电静默，并特别注意反潜警戒。当突击编队的舰艇进入单冠湾后，海防部队就切断择捉岛同外界的一切联系，甚至连岛上居民的粮食等生活必需品都由海军的补给船来运送。对编队舰员的私人信件也一律进行检查，并扣押到开战那天才发出。在突击编队向珍珠港航行途中，所有舰艇严格实行只收不发的无线电静默，夜间进行灯火管制。另外派出数艘驱逐舰停泊在本土，伪装航空母舰的无线电呼号，进行无线电通信，以欺骗美军的无线电监听。同时联合舰队全面更改密码和呼号，以迷惑美军的监听。

No.3 假意撤侨

　　就在对美开战的箭离开弦的那天只剩6天的12月2日下午1时，日本豪华邮船"龙田丸"作为"第二次撤侨船"，从横滨起航，开往美国西海岸的洛杉矶。它除了我们前面提到的

▲日军飞行员起飞前正接受上级的训示。

间谍任务外，还担负着另外一个重要的任务。

这天的《朝日新闻》晚刊以"第二次赴美撤侨，'龙田丸'起航驶向波澜壮阔的太平洋"
为题，作了如下报道：

"船上乘客共有148人（一等舱45人、二等舱28人、三等舱75人），其中外国乘客有：
挪威驻日代办康斯特先生的夫人，日后视察满洲、华北的智利新闻记者布拉内托等一行4人，
以及其他外国旅客共35人。上月29日经美国政府同意重新入境的60余个急于返美的海外
日侨，结果只有3人来得及办理手续，他们和旅居美国54年之久的南国太郎老人一起，也
都是在即将开船之时才匆匆赶上船的。

乘客人数虽然不多，但由于驶向波涛汹涌的太平洋的那艘"龙田丸"，其起航时间正

是日美谈判处于极其重要阶段的紧要关头，所以码头上挤满了欢送的人群。从甲板上传来了《爱国进行曲》的音乐，它与人们大声叫喊的"再见"声交织在一起，数不尽的手帕随风飞舞……船徐徐驶离码头。"

对于"龙田丸"的船员们来说，他们对开船的日期一延再延感到极为困惑："龙田丸"原定 11 月中旬起航，后来延至 20 日，接着又延迟几天，好容易到 27 日才决定于 12 月 2 日起航。但是船长木村庄平倒是从容镇静，面对船员的疑问，他只是简单地说："上面有决定。"

而且，日本有关当局还唯恐人们不知道似的，在报纸上大肆报道该船的起航情况。比如，在 11 月 25 日的《朝日新闻》上，就有这样的报道：

"据外交当局发表谈话称：帝国政府继派第一次撤侨船赴美后，正在就派第二次撤侨船问题同美国政府进行谈判，根据此次所取得之谅解，将派"龙田丸"开往洛杉矶和巴拿马的巴尔博亚港。日后，该船一旦准备完毕即出航，大致定于本月内驶离横滨。"

《朝日新闻》11 月 27 日还报道：

"据外交与邮电当局发表谈话称 此次开往美国之撤侨船——"龙田丸"，其航行日程为：12 月 2 日自横滨出发，12 月 14 日抵达洛杉矶，12 月 16 日自洛杉矶出发，12 月 24 日抵达巴尔博亚港。"

日本是不是真的打算派"龙田丸"去撤回侨居国外的日本侨民？为什么该船的起航日期一延再延？为什么要定在 12 月 2 日起航？为什么开船日期会一延再延，而且日本对它的起航这么大肆宣扬呢？

攻击珍珠港的行动要取得成功，其中一个绝对条件就是一定要对美国方面攻其不备。日本还决定使用一切手段来迷惑和麻痹敌人，使美国对日本的意图做出错误的判断。因此，日本海军不论是首脑机关还是各个舰队，都在同心协力、采取一切可以想得到的措施来麻痹美国。"龙田丸"的起航和前面提到的诸多行动一样，都是其中的措施。它的一个最重要的任务，就是要让美国人"放心"，以为日本决心开战的时间还早得很。所以，按日本历史学家实松让（《偷袭珍珠港前的 365 日》的作者）的说法："'龙田丸'是个掩人耳目的诱饵。"至于报纸上报道的那些"据外交当局发表谈话称"和"据外交与邮电当局发表谈话称"什么的，其实都只是大本营海军当局要求报社这么报道的。

就在"龙田丸"起航前一天的 12 月 1 日，也就是御前会议做出开战决定的那一天，

▲日军飞行员在鹿儿岛进行紧张训练。

▲日军地勤人员向执行轰炸任务的飞行员挥手告别。

船长木村庄平被海军省军务局的大前敏一中佐叫到了海军省。

大前对木村亲切地说："船长，这次要辛苦你了，有一点东西需要你带一下。" 说着随手交给他一只长方形的沉甸甸的木箱。

木村有些受宠若惊，弯下腰，双手毕恭毕敬地接过箱子，嘴里说："哪里，哪里，举手之劳而已。"

大前拍了拍他的肩膀说："一路上请多加小心啊。"

木村会心一笑，说："放心，我保证一定送到。而且，我会负责使船上不会出现任何事故的。"

他早知道这只箱子里装满了 16 支手枪，而且还放着一封使用这些手枪的指令信。

为什么要带这些手枪呢？原来有十几个美国军人决定搭乘"龙田丸"，大家担心战争一打响，要是这些美国军人知道该船随后要掉转船头返回日本的话，那么，他们说不定会胁迫船长将船强行开往美国。

第二天（12月2日），在邮船即将起航前，海军省的林大佐登上了"龙田丸"，他在船桥下的海图室里同木村船长和加藤事务长进行了密谈。密谈时，林大佐严厉地命令说："根据海军省的要求，为了不让乘客们收听广播，必须把所有真空管都拆下，船上不得拍发任何无线电报。"

不一会儿，船上响起了开船的铜锣声。林大佐急匆匆地走下舷梯，站立在码头上，一面默默地进行祈祷，盼望"龙田丸"能顺利完成任务后安全返航，一面凝视着"龙田丸"的巨大船体徐徐驶离码头。

佯装驶往美国西海岸撤侨的"龙田丸"于12月2日从横滨起航，就在东乡外相接见格鲁大使的时候，"龙田丸"已到达中途岛北端，在以该岛为基地的美军巡逻机的飞行圈范围外缓慢地向美国驶去。

在当地时间7日上午10点过后，船上的无线电通信局局长打电话给事务长加藤祥说：

"报告事务长，刚刚收到大本营发布的一条重要消息：'帝国海军于今天8日凌晨在西太平洋与美英军进入了战争状态。'我再重复一遍：'帝国海军……'"

很快，海军省发来了电令："龙田丸立即掉头，全速返回日本。"船上的引擎立即加快转速，掉头返回日本。

为了不引起混乱，尤其是引起外国乘客的反抗，船长决定，有关开战的事情只能通知船上的干部，对乘客和一般船员一律保密。可是，该轮过去一直是缓慢地朝东行驶的，现在却突然改变航向，开足马力朝西行驶，这瞒不过富有航海经验的行家。

乘客中一位意大利海军少校这时大声叫喊起来："船正在朝着与过去相反的方向行驶呀！"不一会，乘客中间爆发出一阵惊叫声："奇怪！这艘客轮怎么不往美国开了，怎么又返回横滨方向了？"船上顿时骚动起来。

但是，由于木村船长和加藤事务长等人采取了适当措施，结果乘客中间出现的混乱局面没有酿成严重事件。他们在平息骚动时也没有动用在横滨起航前一天由大前海军中佐交给船长的礼物——手枪。

就这样，"龙田丸"客轮"出色"地完成了日本大本营海军部策划的"佯装"目的，于12月14日平安地返回了横滨港，至于美国方面是否真的上了这一"佯装"的当，则是一个未解之谜。

▲珍珠港遇袭前，舰上的美军士兵正在给家人写信。

第六章

第三号作战密令

　　为了在开战之初便一举摧毁美海军太平洋舰队主力，日军决定以6艘航母和2艘战列舰为主力组成机动部队偷袭珍珠港。机动部队于11月21日在单冠湾集结。大本营海军部发布了命令联合舰队开始准备作战的《大本营海军部第一号命令》。11月10日，山本发布联合舰队"第三号"作战密令："X日"为12月8日。11月21日，"联合舰队第五号作战密令"开始"攀登新高山"，指示向待机海域出击。强大的舰队即将开始远征夏威夷的航程，战争拉开了序幕，日本利剑已经出鞘。

No.1 开战日

1941 年 10 月 18 日，近卫首相辞职，原陆相东条英机陆军大将接任首相，加快了战争准备。

正当东条为开战忙得晕头转向的时候，11 月 3 日，山本五十六奉命来到海军军令部，与永野总长进一步商讨了对美开战的事宜，商定 12 月上旬的某天（倾向于 8 日）定为开战日。

4 日晚上，山本回到停泊于佐伯湾的"长门"号上。为了检验部队的作战效果，5 日，山本又命令部队进行了战前最后一次大规模演习。

演习结束后，源田不无得意地问山本："长官，这回总该满意了吧！"

山本满意地点了点头，回答说："还可以，基本符合要求，相信你们能够完成此次任务。"

1941 年 11 月 5 日，日本帝国大本营决定 12 月上旬对美开战。

5 日上午，山本接到了永野总长奉天皇之旨发来的"大海令第一号"：

联合舰队司令长官山本：

一、我大日本帝国为自存自卫，已决定于 12 月上旬同美国、英国及荷兰开战。在此之前，要分别做好各种作战准备。

二、联合舰队司令长官要根据海军具体作战需要实施准备。

三、有关细则，待军令部总长分别下达指示。

联合舰队的"第一号"作战令，不仅是日本海军部队的战术运用令，还是一份长远的战略计划。它的第一部分提出了日本将征服和占领的军事目标，第二部分提出有关巩固和防御反袭击的措施。总而言之，日本扩张领土的野心，要求它在太平洋几乎所有的角落同时采取行动，甚至包括苏联东部的沿海各省。从来没有一个国家，制定过范围如此之广的作战计划。战后，在回忆这个作战命令时，军令部参谋三代深有感触地说："这个作战命令达到了日本扩张主义的顶峰啊。"

山本接到命令后，心花怒放，当天立刻向所属部下达了内容更为详细的"联合舰队绝密作战命令第一号"，要求各部队"按本命令附件中所规定的方案实施"做好作战准备。

11 月 7 日，山本发布了联合舰队"第二号"作战密令：开始进行第一阶段开战准备。"Y"日定为 12 月 8 日。这个"Y"日表示的是"开战的大概日期"。

11 月 10 日，山本又发布联合舰队"第三号"作战密令："X 日为 12 月 8 日。""X"日指的是"开战日"。

▲日本海军在海上炫耀武力。

▼日本海军战舰"长门"号。

同时，山本向南云中将率领的空袭珍珠港的特遣舰队下达了密令：

"机动部队务必极为隐秘地于 11 月 22 日前在单冠湾集结，并加油完毕。"

12月1日，也就是天皇让木户通知首相批准对美开战之前，海相及川和军令部总长永野驱车来到皇宫，把山本五十六建议的 12 月 8 日为袭击珍珠港日期的事报告了天皇。他们说：12 月 8 日是夏威夷的 12 月 7 日，那天是星期天，太平洋舰队的大部分舰艇将归港，以便舰上官兵度周末。这将有利于对之实施攻击。永野奏请天皇钦定 12 月 8 日为 X 日（即开战之日），天皇对海军必胜充满了信心，批准了对美开战的计划，也同意将 12 月 8 日作为"X"日。

从这不难看出，日本军部是发动太平洋战争的罪魁祸首，但天皇也难逃其咎。第二次世界大战结束之后，日本天皇裕仁曾说："我在我权力范围内尽了努力，但无济于事，最终我们还是进入了战争，这是很遗憾的。"他还说："一个立宪制国家的君主不能任意自由表达自己的意见，否则，就等于破坏宪法。"因此，"对于送交我批准的决议，即使我认为它不可取，也会批准。"显然，这是开脱之词。

根据山本五十六的命令，1941 年 11 月 20 日，由 31 艘军舰组成的庞大机动舰队，在南云忠一海军中将的指挥下，以不同的航线，不同的时间出港，各自从所在地点悄悄出发，秘密地向千岛群岛的单冠湾集中。为了隐蔽军事行动的意图，各舰艇都采取了化整为零、分散行进的方法进行集结。这是日俄战争以来，日本联合舰队最大规模的一次集结。除了各舰长之外，连副舰长都不知道这是一次重要的军事行动。而一般官兵都以为是去北海进行演习。

No.2 单冠湾集结

就在山本五十六发布了联合舰队第三号作战密令，确定 X 日为 12 月 8 日后，11 月 11 日，山本及其随从人员乘火车离开东京，前往岩国航空大队，在那里登上了前来迎接他的"长门"号。这两天，岩国集结了大量军舰，除了南方舰队以外所有的舰队司令官、参谋长和资深参谋，都集合到岩国，来参加联合舰队的作战会议，其中自然包括主角——执行偷袭任务的南云、草鹿和源田等人。

13 号上午，山本主持了这次会议。与会者都热切地注视着他们的司令官。而山本也深情地环视着这群立刻就要踏上征程的属下。此时，他的心中掀起层层波澜，眼前的这些属下都像他的亲人一般，都是那么的亲切可爱，很快，这些人就要踏上漫漫征程，不知会有多少人可能永远都不会再回到祖国。山本按捺不住激动的心情，表达了他对出征人员的勉励和期望之情，他激动地说："诸君，帝国的希望都寄托在你们身上了，此行不论成功与否，大日本帝国和天皇都会将诸位铭记在心的。我热切地盼望着你们杀敌而归。"

顿了顿，他又特别强调：

"在华盛顿举行的与美国的谈判，如果在 X 日的头一天上午 1 点之前达成妥协的话，我将命令出战部队撤回。部队接到这个命令就必须立即调转方向返航！"

山本话音未落，台下就有几名指挥官大喊起来：

"这个要求不合理。"

"是啊，我军此时已经进入阵地，怎么可能就此停止作战行动呢。"

"这将让我军陷入被动挨打的局面。"

山本猛地一挥手，打断了众人的争议，严厉地说："养兵千日，就是为了保卫和平。如果哪位指挥官认为接到命令后可以不返航，那么我现在就禁止他出战，请即刻辞职！"

会场上顿时一片寂静，没有人再敢提出任何异议。

环顾四周，看众人情绪平静下来，山本接着说："很好。诸位都是大日本帝国的骄傲，都知道誓死服从、效忠天皇的指示。"他停了停，接着说："另外，我要求准备参加偷袭珍珠港的所有舰艇，都必须卸下所有与作战无直接关系的东西，如易燃物品、个人物品等。""此外，"他又提醒指挥官们说，"因为船队要绕经北方寒冷地区，而且集结地也在寒冷的单冠湾，所以，要求各飞机的副翼、方向舵、升降舵上都涂上防冻油脂。"

诸位指挥官不时地点头，记下山本的指示。

此时，在陆上参训的飞机，也停回母舰。但是 400 多架飞机本来在不分昼夜地进行飞行训练，突然消失的话，必然会引起当地居民的注意，更逃不过敌方间谍机关的耳目。为了掩人耳目，山本还指示所属部队制造假象，在第一航空舰队所属的各个飞行部队撤回出战航母后，将原驻扎在九州的第 12 航空队部分调来，制造鹿儿岛等地仍有大批飞机在训练的假象，同时，这些进驻的部队不断发布假信号和通报，以防敌人窃听。

11 月 16 日，突击编队以"木户部队"为代号，开始向单冠湾集结。各舰实行严格的无线电静默，以不规则时间间隔，取不同航线，分批驶向单冠湾。

17 日，山本为了赶去给"赤城"号送行，下令旗舰"长门"号在没有护航的情况下从岩国出发，赶往佐伯湾。

下午 3 时，山本和随行人员登上特混舰队的旗舰"赤城"号，100 多位各级指挥官和参谋人员早早在飞行甲板上列队等。山本迎着军礼，走到他们的面前，仔细地为每个人整理了一下军容，然后深切地说：

"诸位，此次就拜托各位。这次战役能否获胜，将决定我军今后一切战役的命运。"

同时，他热切地叮嘱指战人员说："本来，此次作战要在出其不意的情况下进行。但是，诸位志士也要充分注意，要预想到发动强攻的可能，必须牢记在心，万万不可粗心大意。帝国的未来就依靠你们了。"

出征的将士们一个个热血沸腾，咬紧牙关，紧握双拳，连额头上的青筋也随着脉搏的加快突突地跳动，使他们的表情显得有些可怕，人人下定决心，牢牢地将山本的指示铭记在心，誓死忠贞不渝，决不后退。

看到这种高昂的士气，山本满意地点点头。然后缓缓走到担任攻击珍珠港飞行队指挥官的渊田面前，紧紧地握住他的手，默默地凝视着他的双眼，两人齐齐点了点头，山本的眼光流露出对他的信心和信赖，而渊田的目光中也透露着必胜的信心和以死相报的信念。

11月18日，"苍龙"号和"飞龙"号航母在4艘驱逐舰的护卫下离开佐伯湾，向位于千岛群岛的集结地驶去，此后，其他船舰也一艘艘驶出港口，有的沿海岸行驶，有的在离海岸线100海里开外的海面上行驶。夜幕降临的时候，"翔鹤"号和"瑞鹤"号航空母舰也起锚，悄无声息地驶向单冠湾。深夜，"赤城"号也开动，幽灵般驶向大海。稍后，"加贺"号航母在佐世保港装满了刚刚改装完成的浅水鱼雷，也匆匆地赶往集结地。

为了防止美国潜艇的监视，躲过美国间谍人员的注意，日舰都选择了远离商船航道的航线。在航母一艘艘分开起航的时候，联合舰队的其余军舰则实施无线电伴动，进行掩护。集结行动极为秘密，各舰只有舰长一人知道集结的目的地。当突击编队进入单冠湾后，海

防部队立即切断择捉岛同外界的一切联系，以防走漏消息。

千岛的冬天总是来得格外早，一到11月间就可以看到雪了。冬天，整个岛上覆盖着白茫茫的银雪，一片和平景象。

千岛群岛中的国后岛横卧在南北狭长的日本列岛的北端，同北海道东面的根室相隔一条海峡。这些群岛被俄国人称为"烟雾列岛"，因为它们经常笼罩在重雾之中；而日本人则称之为"千岛群岛"，表示群岛有无数小岛组成。其中最大的择捉岛，位于其北侧、国后水道的对面。该岛形状狭长，从东北向西南延伸，东西全长大约203公里。而在该岛东岸中部，有一个长年被雾气笼罩着的港湾，叫单冠湾。那里有两个渔港，露在外面的叫年萌港，靠里面的叫天宁港。当然这是两个很小的渔港，由于平时只在渔汛季节渔船才到这里集中和分散，因此几乎无人知道这两个渔港的名字，它只不过是日本北方的一个荒凉的港口而已。

它同北海道之间有时也有定期来往的船只，但除了给岛上居民运送粮食等物品外，就没有别的来客了。

那天没有当值的海军三等兵横田，一大早起来，走上"加贺"号航母的舰板，发现所有的舰队已在北方一个荒无人烟的渔港——单冠湾集结完毕。这些军舰犹如视死如归的勇士，横田也忍不住热血沸腾起来，双手抓紧栏杆，就想放声大喊一声，刚张开口，一阵寒雾立刻飞进他的嘴里，穿透了喉咙一直冷到肺里和脚底，他冷不丁打了个寒战，赶忙拉紧衣服，缩起手脚，咒骂道："这鬼天气。"于是，他赶忙溜到船下，乘着轮班前再睡会儿吧，晚上当值可惨了，他心里嘀咕着。

就在横田惊叹这儿的寒冷的时候，岛上的居民一大早起来，准备去屋顶扫扫积雪的时

▼日本海军舰队正在编队航行。

候，一出门，眼前的景象就让他们大吃一惊。惊呆的岛民回过神来忍不住大喊大叫起来："不得了了，快出来看看呀！"更多的岛民闻声也匆匆跑出门外，一边打着哆嗦一边穿着厚厚的外衣。

舰队进港了。1 艘、2 艘、3 艘……数量还在不断地增多。岛上的一名少年登上小山坡数了一数，大小舰艇共约 30 艘，其中还有只是听说而未曾见过的战列舰和航空母舰。

"出什么事了？"

"一定是要演习啦……"

岛民们正在议论纷纷时，第 2 潜艇队的 3 艘潜艇最后于 11 月 23 日下午 1 时半驶入港内，至此，由南云中将率领的以 6 艘航空母舰为基干的大约 30 艘军舰全部抵达，集结完毕。

机动部队集结在单冠湾的舰艇计有：航空母舰 6 艘（"赤城"、"加贺"、"苍龙"、"飞龙"、"翔鹤"、"瑞鹤"）；

高速战列舰两艘（"比睿"、"雾岛"）；

重型巡洋舰两艘（"利根"、"筑摩"）；

轻型巡洋舰 1 艘（"阿武隈"）；

驱逐舰 9 艘（"谷风"、"浦风"、"滨风"、"矶风"、"不知火"、"霞"、"霰"、"阳炎"、"秋云"）；

潜艇 3 艘（伊-19、伊-21、伊-23）；

另外还有加油舰 7 艘。此外，根据军令部要求，为加强戒备而从大凑警备府派来的海防舰"国后"号和补给船只也都进入了停泊地区。

由于这么多的舰只驶入港内，岛上居民惶恐不安。但是更让岛民惶恐不安的还在后面，舰队一进港，便从 11 月 20 日起以演习为名切断了择捉岛与岛外的联系。不用说，同岛外的交通被切断了，就是一切通信往来也都中断了（这种状况一直持续到 12 月 8 日开战那一天）。更有甚者，在机动部队隐蔽在该港期间，大凑警备府的军舰和飞机也一直在岛的周围和东部海面上进行戒备。

这些只是日本海军为了保守作战意图，乘敌不备而发动攻击的一部分措施。

11 月 23 日，在举行了遥拜仪式后，南云长官在上午 9 时召集各级指挥官、参谋人员和驱逐舰舰长在"赤城"号上进行训话，并下达了机动部队作战命令第一号、第二号和第三号。会议上，南云第一次向全体指挥官和参谋们透露了此次进攻的目标："我们的使命是袭击珍珠港。"会场顿时一片沸腾。随后大家又一起商量了有关作战事宜，并对原计划的各点又反复进行了推敲，一直商议到下午 4 时才结束。但是他们的工作并没有结束，而是贯穿在整个航行过程中。几乎每天突袭计划都在进行细节修正，很多高级军官甚至片刻不离作战舱室，连晚上都是和衣而睡，抓紧时间对突袭计划进行一遍又一遍的推敲和研究。

同一天，在旗舰"赤城"号上，还召开了飞行军官联席会议，渊田就飞机的起飞地点、时间、空中力量等问题作了进一步的核实和落实。各个飞行军官都明白此次作战自己所担负的重大作用。也就在此时，各舰才分别向机动部队的船员传达了空袭珍珠港的作战计划，经过几个月艰苦训练却一直被蒙在鼓里的作战人员此时才恍然大悟，尤其是飞行员，当得知平时艰苦而奇怪的训练是为了这一天的攻击时，都狂热地叫了起来。

第二天（24日），机动部队指挥官南云忠一又召集飞行员在"赤城"号上进行训话，对他们提出了进一步的要求和勉励。

训话一结束，就由军令部的铃木英少佐——他刚从夏威夷实地视察回来，随"比睿"号战列舰到达单冠湾——在瓦胡岛的模型面前对珍珠港的情况作了说明。这具模型是前些时候专为机组人员训练而制作的，它被放置在"赤城"号上。

铃木说："关于珍珠港的情况，我要作八点说明。首先，美国太平洋舰队的舰艇仍按以前的方式进行着训练，每逢星期一出港，最迟星期六回港；其次，大型舰艇的停泊地区都在瓦胡岛周围，战列舰成双并排停靠在一起，外侧的战列舰必须用鱼雷攻击，内侧的战列舰必须用飞机轰炸；第三，航空母舰的所在位置不明，但有两至三艘航空母舰在夏威夷水域游弋；第四，珍珠港港口没有敷设水雷，但估计其四周装置着完备的防潜艇网；第五，除了星期六下午和星期日以外，飞行训练颇为活跃；第六，好像没有出动飞机进行大规模的空中巡逻；第七，除了11月7日发现在希卡姆航空基地大飞机库上空有两只直径为4.5米的黄色圆形气球和一只深绿色的固定气球外，未看到有阻塞气球；第八，瓦胡岛附近的气象情况是少雨，飞行方面没有困难，早晨，瓦胡岛的群山之巅多半为云层覆盖，中午以前天气常常十分晴朗，但下午却又有一点残云。"

铃木发完言后，飞行员又根据铃木提供的消息对珍珠港内的军舰作了分析，对原有的计划作了一些相应的小改动，并且热烈地讨论着如何能更好地击中美国军舰，会场的气氛非常热烈，不时传来一阵阵的笑声。

此时，舰队已经保持高度的警戒状态。在航空母舰上，零式飞机都已整装待命，甚至螺旋桨都随时转到"启动"位置，而且座舱罩全部打开，好让飞行员在必要时能一跃而入。飞行员们也不顾寒冷，常常集中在飞行甲板上，要么切磋技艺，要么就凝视远处的山，海拔1,680米高的单冠山，白雪皑皑，银装素裹，山风呼啸，而他们觉得自己就是山上的海鹫，迎风傲立在一望无际的飞行甲板上，气势冲天地等待着大显身手。

No.3 美国人判断失误

几乎就在日本调兵遣将、磨刀霍霍的同时，美国方面也通过魔术情报大致判断出日本将要发动战争。赫尔立刻召见了野村和来栖两位大使，想再次摸清日本方面是否有可能做出某种让步。

但是，两位大使在谈话中一点也没有涉及这方面的内容，而且美国截获到的其他情报也使人大失所望，即使美国方面在原则上做些让步，也不会有多大效果了。

美国人得出这个结论的主要依据是东乡茂德外相于 11 月 22 日从东京拍发给两位大使的一份电报（美国方面于华盛顿时间 22 日破译）。这份电报说：

希竭力贯彻既定方针。全力以赴地努力实现我方所希望的解决办法。我们所以要求在 25 日以前解决日美关系问题，有着种种你们所猜测不到的理由。但假如能够在这三四天内结束谈判，于 29 日签字（再说一遍是 29 日），并完成互换必要的备忘录，取得英国和荷兰的谅解，总而言之，假如一切事情均能办妥的话，那么我们决定等到那一天。这次我们已真的下定决心，这个期限绝对不能再变更。过了这个期限，事态就会自行爆发。希望你们了解这一点后，能做出比以往更大的努力。以上情况只限于两位大使知道。

这份被破译的情报说明了事态的严重性，赫尔立即将截获的密电抄报罗斯福总统。此时，罗斯福和赫尔更加清楚地知道了日本政府的内心想法，意识到战争有可能会爆发，但是尽管赫尔领悟了"过了这个期限，事态就会自行爆发"的暗中含义，但他仍然无法就此宣布谈判破裂。罗斯福也指示他必须尽力进行和谈，也尽可能地争取时间。

赫尔事后回忆起 11 月 22 日野村和来栖拜会他的情景时说："看到这两位外交官笑容满面、态度谦恭、表面上十分亲热的样子，就感到他们是在当面撒谎。"赫尔在谈到他之所以有这种感觉的理由时说："通过截获的电报，我已获悉了日本的险恶阴谋，并且也知道野村和来栖已收到同样内容的情报，但我很难顺着他们的意思谈下去。两人恭恭敬敬地躬身行礼后就坐了下来。野村不时发出笑声，来栖有时也笑得露出牙齿，合不拢嘴来。但是他们此刻心里翻来覆去所想的一定是：如果美国不答应日本的要求，那么日本政府在几天之内就发动新的侵略，而这迟早会给美国带来战争。"

11 月 24 日，美国方面又破译了东京于 24 日拍发给野村的一份电报，该电报强调，"11 月 29 日这一期限以东京时间为准"。赫尔国务卿看到这份被截获的电报时，他就直觉到"这是悬挂在我们头顶上的达摩克利斯剑，而且是附有定时装置的"。

当天晚上，罗斯福总统致电丘吉尔首相，坦言他对前途的估计并不抱什么希望，美国必须对付一场货真价实的战争，而且，他估计近日内就会爆发战争。

▶ 从"加贺"号航空母舰上起飞，执行舰队防空任务的"零"式舰上战斗机。

25 日，罗斯福在白宫召开了最高军事会议，国务卿赫尔、陆军部长史汀生、陆军参谋总长马歇尔以及海军作战部长斯塔克这些国务院、陆海军方面的显赫人物全部到齐。

赫尔首先在会上发言，他说："同日本签订协议已经没有丝毫的希望。对准备继续举行的日美会谈，我感到非常绝望。"

他犹豫了片刻，接着说："我认为，日本随时随地都可能以突然袭击的办法开始新的征服行动。保卫我们国家的安全问题，掌握在陆海军手中。对不起，我想向军事首脑们提一下，日本也许要把突然袭击的原则作为其战略的着眼点，日本有可能同时对几个地点发动进攻。"

罗斯福点头表示赞同，他长叹一口气，说："日本在不宣而战这点上本来就是臭名昭著的。"

陆海军的首脑纷纷表示赞同。然后罗斯福接着说："所以美国有可能在下星期一，也就是 12 月 1 日前后遭到攻击。"

他望着专注地盯着他的陆海军首脑，问他们："诸位认为我们应该如何对付目前这种情况呢？"

罗斯福高瞻远瞩，他的本意是想让陆海军首脑从全局的角度出发，全面评估日本可能会发动的攻击。但是接下来，美国陆海军的首脑们显然缺乏他这种预见性，面红耳赤地争论的主要课题却是怎样对付日本即将对东南亚发动的进攻。如果日本首先进攻马来西亚或泰国，美国应当以何种方式进入战争？尤其是陆军，他们关注的焦点是菲律宾和印度支那等地，认为日本人最有可能突然袭击的是这些地方，并已为此作了一定准备。他们丝毫没有意识到日本人拿来直接开刀的并不是所谓的弱小民族，而是高高在上的自己。

下午，海军作战部长斯塔克还给远在珍珠港的太平洋舰队司令金梅尔写信，发表他的高见，他说："我认为，日本向泰国、法属印度支那和缅甸三个方向采

◀罗斯福视察美军太平洋舰队。

取行动的可能性最大。"

　　与此同时，史汀生也收到一份报告，似乎更加证实了斯塔克的观点，报告说："日本陆军的大批部队从上海搭乘四五十艘运兵船组成的一支船队正沿着中国海岸南下，驶往台湾南部……"史汀生立刻通知罗斯福总统和国务卿。这个情报加深了美国首脑们关于日军主要攻击方向是在印度支那地区的判断。

　　华盛顿的目光只盯着南方。他们做梦也没有想到，就在这次会议结束后 4 小时——东京时间 1941 年 11 月 26 日清晨 6 点半，南云指挥的庞大日本舰队，正从单冠湾起航，直扑珍珠港而来。

No.4 离弦之箭

　　就在美国感到晕头转向的时候，已经做好出击准备的机动部队正从日本北方的一个角落里遥望着珍珠港内的美国太平洋舰队，随时待命出击。就要出击的前一天，即 25 日，为了最后一次观赏祖国的山河，三十几艘舰艇上的日本官兵不约而同地齐聚在甲板上，凝视着白雪皑皑的择捉岛上的连绵群山，默默畅想。随后，各舰艇还分别举行了舰长训话和出师宴会等活动。

　　在第二航空战队的旗舰"苍龙"号上，被飞行员们敬畏地称为"训练之鬼"，但又被亲昵地称为"多闻丸"的司令官山口多闻少将首先进行了训话。

　　接着，舰长柳本大佐登台发言。他宣誓说："帝国兴亡，在此一举。我等之所以献身于海军，正是为了能有今天，能让我等誓死向天皇陛下表达忠心。只要我还没有死，即使只剩下一片肉、一滴血，也坚决同敌人拼到底……即使只剩下一颗牙齿也要咬住敌人不放……七世为人都要为陛下效劳。"他这番"七世报国"的誓言很快传遍了出征的各个舰只，并在后来传遍了日本军队，被奉为武士道的典范，使他成为日军中的传奇人物，并且后来还被日本军国主义分子尊称为"海军之乃木将军"。

他的话语确实非常具有煽动性，台下的 1,500 名日本官兵听得如痴如醉。

接着，舰长就抓紧出击前的空余时间，把他朝拜神户凑川神社时所得到的神符亲自分发给全体官兵。随后，便在舰长的领唱下开始了军歌大合唱，这首军歌是柳本平时最爱唱的《佐久间艇长之歌》，其歌词大意是："献身君国，坚守岗位，死而后已，乃日本男儿之荣誉……"

柳本身材矮小，其貌不扬，但是唱起军歌来声音却异常地洪亮。他挺起胸膛，在那戴到齐眼眉的军帽下露出一张格外严肃的面容；他抬起头，仰望天空，用洪亮的声音指挥着大合唱。1,500 名官兵用日本人特有的投入和激情大声"喊出"大合唱的歌声，在单冠湾寒冷的海面上回荡着。

舰长指挥的军歌大合唱结束后，此时所有的官兵都异常兴奋，柳本回头命令站在身后的值勤官山本泷一大尉说："今天可以让士兵们开怀畅饮。"

山本点点头，表示赞同，随即把后勤人员叫来，命令说："打开小卖部。"

在水兵们的每个舱室里，每张餐桌的上座都摆着舰长送来的清酒。有人把清酒注入水壶，分送到各个席位面前。众人相互劝酒说：

"快喝吧！"

"是啊，从明天起就要做好战斗准备，所以要暂时禁酒啦……"

"恐怕不是暂时吧，这也许是一生中最后一次喝酒啦！"有人开玩笑说。

"胡说，不过，随便你怎么说吧，反正今天可是出师欢宴，一定要喝个痛快，不醉不休啊。"

猛将山口司令官和一贯严谨的柳本舰长，这时也都来到水兵们的舱室里向他们祝酒。从少将到士兵，大家都忘了烦琐的礼节和严格的上下级关系，纷纷开怀畅饮。分队长长井大尉担任招待，他提着酒壶来回斟酒。甚至连柳本也完全沉浸在一片兴奋之中。他摇摇晃晃地提着酒壶来回祝酒，这时突然有人喊道："把舰长抬起来！"

几名水兵随即蜂拥而上，有的抬手，有的抬脚，吆喝着把柳本抛了起来。

11 月 26 日，离天明还有很长一段时间，天空乌云密布，朔风在怒吼。早晨 6 时，"赤城"号旗舰升起了信号旗。各舰上的信号兵都向本舰舰长报告说："旗舰发出信号，起锚，准备出港。"此时，南云忠一率领的日本海军史上最强大的一支机动部队迎着时而飘落下来的雪花，踏上了征程。

以"赤城"号为先导的6艘航空母舰徐徐驶出单冠湾。这是一次秘密出击，没有人送行。只有在单冠湾外面监视敌潜艇并实施反潜巡逻的1艘警戒舰发来了信号："祝一帆风顺。"当然，这艘警戒舰根本不知道机动部队出发的真正目的，它之所以发来信号也只是单纯地表示礼貌而已。

"谢谢。"

"赤城"号一边回答信号，一边悄悄地穿行而去。舰尾的海军军旗迎着北太平洋寒冷的晨风，哗啦哗啦地飘扬。这面军旗不久就要换成作战旗了。但是，箭毕竟还没有离开弓弦，眼下还只是引弓待发。

12月2日下午5时30分，机动部队收到了山本联合舰队司令长官以密码电报发来的如下命令：

联合舰队作战电令第10号"NIITAKAYAMANOBORE——1208"（攀登新高山1208）

这是一份密码电报，意思是"按原计划12月8日发起攻击"。

12月3日傍晚，机动部队经过近8天的海上航行，准时到达待机地域，在完成加油后，补给船离开了机动部队。12月6日，机动部队开始以24节的航速南下，高速向珍珠港逼近。飞机开始一架挨着一架地摆满了6艘航空母舰的飞行甲板，开始做最后一次检查。

这时，旗舰"赤城"号收到联合舰队司令长官山本五十六海军大将从"长门"号上发来的和当年东乡元帅所发电文完全相同的一封电报训示：

皇国兴废在此一战，我军将士务须全力奋战。

这份电报训示立刻传达给了机动舰队的全体人员。随后，"赤城"号上升起了"Z"字旗——37年前，在波涛汹涌的日本海上，在30多年前的日俄对马海战前，东乡平八郎海军上将就在挂有"Z"字旗的"三笠"号旗舰上，发出"皇国兴废在此一战，我军将士务须全力奋战"的号令。

"打仗的时刻到来啦！"全体舰员热血沸腾，一片欢呼声。其他舰上的水兵们，也一起升起了自己的"Z"字旗。

在"赤城"号的甲板上，最后一次眺望故国的将士们激动地欢呼："万岁！"

庞大的机动舰队以"第一警戒航行序列"呈环行队形,朝远在 3,000 海里之外的珍珠港杀去。

战争的前途如何?有多少海军将士要葬身海底?一切都无法估计。在寂静无声的沉默中,在汹涌的浪花声中,每个人都心潮澎湃,思绪万千。增田中佐这天夜晚在日记中写道:"一切都决定了。不向左也不向右,没有悲伤也没有欢喜,只有听凭严肃的旨意!愿意打不愿意打由不得咱们,只有服从命令。"

而站在"赤城"号驾驶台下面飞行甲板控制室里的空袭珍珠港机队指挥官渊田,此时则是另一番感想,他回首眺望,千岛群岛那崎岖连绵的山峦宛如一道风景画,缓缓消失在茫茫的薄雾之中。渊田不禁心潮起伏,后来他这样写道:"我明白自己作为一名武士的职责。当时我想,还有谁比我更幸运的呢?"

"Z"字旗在高高飘扬,箭终于离开了弦。

▲日军航母驶往夏威夷海域待机发起攻击。

第七章

日军驶向珍珠港

　　1941 年 11 月 26 日清晨，日本舰队正式踏上征途，驶向无垠重洋。舰队实行夜间灯火管制，全程保持无线电静默。12 月 7 日凌晨，飞机起飞，飞向瓦胡岛，舰艇上所有未当值的官兵都挤上飞行甲板观看战机起飞离去的历史性一刻。当"魔术"所破译的密件还在途中时，命运之神又一次向珍珠港敲响了警钟：美"沃德"号驱逐舰发现并击沉日军一艘潜艇。虽然这起事件并没有引起美方的重视，却打响了珍珠港之战的"第一枪"。

No.1 美国人盲目乐观

在山本五十六磨刀霍霍的时候，罗斯福政府也没有闲着。他们也在估计日本下一步的战略，考虑美国可能采取的对策。只可惜，他们在这个问题上犯下了一连串的错误。

1941年初，由于日美关系持续紧张，美国海军对太平洋舰队在珍珠港的安全重新讨论了几个星期。1月24日，海军部长诺克斯把关于夏威夷防御的文件交给了陆军部长史汀生。诺克斯在这份文件的开头写道："如果发生对日战争的话，日本将选择袭击珍珠港内的舰队或者珍珠港基地作为开战的时机。"他建议优先考虑增加夏威夷的战斗机和高射炮数量，建立防空警戒网。这份文件同时交给了太平洋舰队。

1941年2月，金梅尔接任太平洋舰队司令官。他对珍珠港的防空安全也十分关心，在致海军作战部长斯塔克的信中，他谈到："我认为，对珍珠港的突然袭击（用潜艇或飞机，或两者兼用）是有可能的。"1941年3月，夏威夷陆军航空部队司令弗雷德里克·马丁和夏威夷海军基地防空部队司令就夏威夷的防务问题准备了一份报告。这份报告特别指出，来自空中的袭击是对停泊在珍珠港的太平洋舰队"最有可能也是最危险的袭击"。1941年8月，夏威夷的参谋部甚至设想日本可能出动6艘航空母舰进行攻击，攻击可能在凌晨5时发起，这与后来的实际情况惊人地相似。但实际上，无论是在夏威夷还是在华盛顿，这种警告并没有引起人们的重视。

11月22日，东京发给野村大使的一份电报被美国截获，这份电报中有这样一段电文："这个期限（东京时间11月29日）绝对不能再变更。过了这个期限，事态就会自行爆发。"这份电报立刻被送到赫尔手中，看完电文，赫尔直觉到局势的严重性。因此，他于29日（星期六）深夜打电话给正在暖矿泉度周末的罗斯福总统，强调指出日本的进攻已迫在眉睫，并建议罗斯福提早赶回华盛顿。总统同意赫尔的意见，于12月1日早晨回到了华盛顿。

这一天，凡在华盛顿看到破译了的这一系列日本外交电报的人，都深深感到危机已在眼前。

12月1日，东京致电野村大使说："11月29日这一最终期限已经过去，形势日益恶化。然而，为了不使美国产生过多的疑虑，我们已指示报界做这样的报道：虽然日美之间在部分问题上存在着很大分歧，但谈判仍在继续进行。"

29日，东京致电日本驻伦敦、中国香港、新加坡、马尼拉的大使馆，训令它们"停止使用密码机，并将其销毁"。

30日，东京致电驻德大使，训令他前去会晤希特勒元首和里宾特洛甫外长，向他们说明当前的形势。电报说："日美谈判目前已处于决裂状态。请你极秘密地告诉希特勒和里宾特洛甫：日本同英美之间存在着突然爆发战争的危险，开战的日期也许会比想象的来得更早。战祸临头的确凿证据已变得越来越明显了。"

"魔术情报"告诉人们形势越来越紧迫了。

12月1日，东京致电驻美使馆，指示说："倘若需要销毁密码机，望同海军武官处取得联系，使用它那里备有的化学药品。"

原来日本为了以防万一，早在1941年夏天就从东京把用于销毁密码机（包括大使馆内的那架密码机）和存放军事机密的保险柜所需的工具秘密地运到了驻华盛顿的海军武官处。由东京目黑海军技术研究所特地研制出来的这些工具包括一座耐高温的炉子（直径约20厘米，高约30厘米）、可熔解金属片的铝热剂粉，以及可供导火用的引线。把需要销毁的机器拆开后，将其零件，特别是那些需要保密的部件放进这座炉子里，点燃铝热剂粉后即可全部熔解。

就这样，虽然以罗斯福总统为首的华盛顿的军政首脑们已深深感觉到危机迫在眉睫，但是，他们却怎么也想不到日本会在几天后就发动进攻。当他们于12月1日（东京时间为12月2日）夜晚进入梦乡的时候，日本统帅部永野和杉山两位总长正在奏请天皇把开战之日定在12月8日，并且很快就得到了天皇的批准。

在8日凌晨1时，就在南云的攻击机群起飞前几分钟，在华盛顿，负责破译日本外交电报的通信谍报处，破译了日本政府给美国"最后通牒"的最后一部分——第14部分。该电文说："鉴于美国政府所采取的态度，帝国政府认为，即使今后继续进行谈判，亦无法达成协议。特此通知美国政府，并深表遗憾。"与此同时，"魔术情报"还破译了东京命令野村将第14部分于华盛顿时间"下午1时整递交美国政府"的电文。

情况紧急，传递"魔术情报"的主任克雷默少校和陆军情报局远东科科长布拉顿上校立刻给马歇尔参谋总长的寓所打电话。但不幸的是，马歇尔此时正骑着他心爱的马，在阿林顿公园愉快地进行着星期日早晨的散步。他对昨天晚上以来的形势发展一无所知。

心急如焚的克雷默和布拉顿无法联系上马歇尔，只好来到美国海军作战部部长斯塔克的办公室，将破译出来的日本政府对美备忘录第14部分和"下午1时通电"交给了斯塔克。此时，斯塔克还在自己寓所的院子中悠闲地散步。直到上午10点，他才在布拉顿的催促下满脸不高兴地来到办公室。在斯塔克接过电报，并有些不情愿地阅读的时候，作战部副部长英格索尔、情报局局长威尔逊、通信部部长诺伊埃斯等人相继来到作战部部长办公室。

早就判断日本的主攻方向为南方的布拉顿说道："从刚才克雷默少校送来的截获电报来看，似乎感到日本计划在南中国海方面进行攻击……"

他的话刚说出口，威尔逊就打断他说："而且日本政府还训令野村大使，要他在事先

▶ 担负珍珠港防空任务的美军指挥官贝林格。

指定的时间内把这份电报送交美国政府。"

焦急不安的斯塔克冷冷地说道："威尔逊先生，我已经知道了，是下午1时，对吧！"

威尔逊一面点点头，一面又说："对，是下午1时，也就是说，在珍珠港是早晨7时30分。我感到这似乎没有什么值得怀疑的地方。"

斯塔克环视了一下大家的面孔，其中有几个人露出赞同威尔逊这一意见的神情。威尔逊鼓起勇气向斯塔克建议："现在是否立即用电话同金梅尔司令联系一下？"

大家都静了下来，没有一个人发言。只见斯塔克慢慢地把手伸向电话机。他虽然一度拿起了电话听筒，但后来又放了下去。此时是华盛顿时间上午10时15分，在夏威夷则是凌晨4时45分，离日出还有1个半小时。

斯塔克改变主意的主要根据看来有两点：第一，在黎明前妨碍金梅尔的睡眠是一种罪过；第二，华盛顿的最高统帅部不应该对当地指挥官在一些细节问题上命令和督促他们"这样干"或"不许那样干"。

斯塔克一边拿着电报，一边摇摇头说："电话还是不要挂了吧。在这之前，先同总统商量一下。请各位暂时先回去。"大家站起身来，敬礼后，露出多少有些不满的神色纷纷走出作战部部长办公室。

斯塔克同白宫电话总机进行了联系，回答说：总统使用的那条电话线"正在通话"。结果，华盛顿的海军首脑机关并没有就这天清晨来自"魔术情报"方面的警告，要太平洋舰队司令金梅尔等人采取任何措施。

12月8日凌晨1时（东京时间），也就是在斯塔克一度拿起的电话听筒又放回原处后

▲珍珠港内到处是歌舞升平，人们根本没料到大祸降临。

的 25 分钟后的时间里，巡洋舰"利根"号和"筑摩"号上各有一架"零"式水上侦察机为了对珍珠港进行"临战侦察"，在飞机弹射器的一声巨响下，腾空升起，直往黎明前的夜空飞去。至此，袭击珍珠港的战斗序幕终于拉开了。

在这次作战中打头阵的，是从"利根"号起飞的侦察机。"利根"号舰长冈田为次大佐在他的日记中这样写道："零时，参拜利根神社；零时十五分，司令官向参加参拜之飞行员祝酒，一时零二分，一号飞机起飞。"

在以"赤城"号为首的 6 艘航空母舰的飞行甲板上，已作好起飞准备的飞机，都已按战斗机和攻击机的顺序，并排停在起飞位置上。飞行员们做好准备后都集中在待命室。

在波涛汹涌的大洋中全速航行的舰艇，颠簸得相当厉害。这些舰艇在航行中击起的浪花，在漆黑的洋面上翻滚，舰后留下的航迹，远远望过去犹如拖着一条长长的尾巴。浪花有时候还会飞溅到飞行甲板上来。为了使飞机在颠簸的舰艇上保持稳定，机械师们拼命地想固定自己所负责维修的飞机。

离开斯塔克的办公室，布拉顿上校不肯罢休，他立刻命令马歇尔的勤务兵阿加伊亚上士赶紧去找参谋总长马歇尔，并要马歇尔立即给他回个电话。可是，阿加伊亚却始终没有找到参谋总长。原来，马歇尔这一天比平时多骑了 20 分钟的马，而且又是在阿林顿公园弯弯曲曲的小路上兜来兜去。直至马歇尔回到迈尔斯堡的寓所后，阿加伊亚才得以把布拉顿的话转告给参谋总长。这时已经是 10 时 28 分了。

马歇尔给布拉顿挂了一个电话。布拉顿在电话中把"魔术情报"的要点做了一番说明后，他接着说："现在，是不是让我驱车到阁下挂电话的地方去，把电报带去给你看一看。"

马歇尔回答说："不，用不着那样担心，等我到机关后再给我看好了。"

布拉顿估计过 10 分钟或 15 分钟，马歇尔就会到达机关的，于是他就在这段时间内手里拿着"魔术情报"，在机关的走廊里等候他。可是马歇尔却不那么心急。他在寓所里洗一个澡，再慢吞吞地换了一套衣服，然后才前往机关。等得实在有点不耐烦的布拉顿，这时打算在马歇尔前来办公室的半路上见他，于是，布拉顿决定在陆军部大门口的台阶上等候。

15 分钟又过去了。当马歇尔终于来到机关时，已经过了 11 时。

这时，作战计划部部长齐罗、情报局局长迈尔斯等总参谋部的首脑人物先后走进参谋总长办公室。

马歇尔向他们一个一个地征求意见。

"你们看了这份'下午 1 时通知'电报，感觉如何？根据这份电报，对形势作何判断？"

大家一致认为，日本持有这样一种企图，在下午 1 时或 1 时过后不久，要攻击太平洋的某个地方。

在听了布拉顿等人的意见后，马歇尔思考了片刻，然后斩钉截铁地说："各位，我确信：日本军队将在今天下午 1 时，或 1 时过后不久便开始发动攻击。我决定向全军司令发出紧急戒备的指令。"

布拉顿听了马歇尔的这番话，顿时觉得心中的一块石头落了地，他闭上眼睛轻松地叹了一口气。

大家不约而同地看了一下参谋总长办公室里的时钟。时针正指在上午 11 时 25 分。

此时，在珍珠港以北的海面上，准备偷袭珍珠港的日军机群正从航空母舰上起飞。

马歇尔拿过一张便条纸，用铅笔在上面潦草地拟了一个电文，分别致美国陆军部队在菲律宾、巴拿马运河区、夏威夷和旧金山等地的指挥官。电报说："日本将在今天华盛顿时间下午 1 时递交最后通牒。之后，他们将按照命令立即销毁密码机。在这个时刻会发生什么情况不得而知，但你们要严密戒备。"

马歇尔写好电文后，马上拿起电话筒给海军作战部部长斯塔克挂了个电话，把自己草拟的电文做了一番说明，要求联名发出警告。参谋总长办公室里此时笼罩着一片紧张气氛。陆军情报局远东科科长布拉顿上校正在一旁紧张地听候命令。

斯塔克接到马歇尔的电话后，有点儿犹豫不决，他不理解马歇尔为什么要这样做。马歇尔之所以这样做，正是因为"斯塔克认为没有必要再重新发出警告"这一想法已为马歇尔所察觉。然而，斯塔克在接到电话后已经改变了自己的想法。他认为，由于现在处于特殊情况下，所以即使发出警告，也不会对当地指挥官有什么害处。

于是，斯塔克又挂电话给马歇尔："我觉得'下午1时'具有某种特殊重要性，若能紧急通知下去的话，那就在命令陆军部队指挥官的同时，也请顺便转告海军方面。"

因此，马歇尔立即在原先铅笔写好的电文的末尾，加上了"也请转告海军部队"几个字，他一边将此电文交给布拉顿上校，一边吩咐说："把这份电报送到发报处，用最快最安全的方法拍发给各指挥官。"

布拉顿来到了通信科长弗伦奇上校的房间里，要求上校"十万火急地发报"。弗伦奇虽然能看得出便条纸上的那些铅笔字，但他对马歇尔潦草的字迹还是感到没有把握。为了不出差错，他在布拉顿的帮助下，将这份电文用打字机打了出来。

这份给夏威夷的电报是在华盛顿时间中午12时12分（夏威夷时间早晨6时42分，离日本军队开始攻击的时间还差1小时13分）拍出去的。十分遗憾的是，这一指令没有使用马歇尔桌上的电话、隔壁房间的秘密电话或海军短波无线电发出，而是通过最费时间的西部联合电信公司拍发的，而且不是直接拍往檀香山，而是先从华盛顿有线电报拍到旧金山，同那里美国无线电公司取得联系，然后再用无线电电报拍发给檀香山的美国无线电公司。电报拍到檀香山后，还得从位于市中心的美国无线电公司办事处送到8公里以外的谢夫特堡陆军通信处，从这里再同副官室取得联系。最后才送到肖特将军手里。这样，马歇尔的电报便被人为地耽误了。

因此，马歇尔的电报送到肖特手里时，已经是日本开始攻击后的7个小时零3分钟了。

金梅尔司令正在美国太平洋舰队司令部（设在潜艇基地）里与他的参谋人员研究形势；日本的驻外使馆正在销毁密码本；往常日本海军各舰队的无线电呼号大概每隔半年更换一次，而现在刚在11月初更换过的呼号，到了12月1日却又更换了；另外，日本的航空母舰有几艘也去向不明，无法确切掌握其所在位置。华盛顿根据上述情况认为，即使会发生什么事态，恐怕也是在东南亚方面。当时没有一个人认真考虑过夏威夷会不会出事的问题，因为就在一星期前，金梅尔还问过作战参谋麦克莫里斯上校："你对日本海军突然袭击珍珠港的可能性是怎样认为的？"

麦克莫里斯毫不犹豫地回答说："我认为日军不会发动这样的攻击。"

对形势的探讨于下午3时左右便结束了。因为那天是星期六，金梅尔便按照惯例回到离司令部9公里远的宿舍休息去了。下午6时45分，他前往哈莱克拉尼饭店出席里亚利

海军少将和夫人在那里的草坪上举行的周末晚宴。

No.2 气势汹汹的南云舰队

　　这时，南云中将率领的机动部队正以每小时 24 海里的航速，向着明天拂晓攻击珍珠港的飞机起飞的预定地点——夏威夷以北 360 公里——急速驶去。在旗舰"赤城"号的舰桥上，南云长官、草鹿参谋长等参谋人员，以及长谷川舰长和三浦航海长等舰上人员，这时正凝视着西边徐徐落下的火红夕阳，此时已是 12 月 7 日。尾随着"赤城"号航行的"加贺"号航空母舰，其后部飞行甲板上站着的舰上人员们也默默地眺望着夕阳。舰尾后面的那条又白又长的航迹笔直地伸向远方。

　　此时在"加贺"号航空母舰的舰尾，三等兵横田也默默地低下头，看着不断向远处延伸出去的白色航迹，飞溅的浪花倒映着血色的夕阳，向船的两侧打去，仿佛飞溅的鲜血。横田的心不由得一颤，升起一股不祥的预感，他赶忙转过头，去看甲板上整齐排列的战机。此时在航母上，"零"式舰载飞机正在整装待命，这种战机是当时世界上最先进的战斗机之一，著名的"零"式在太平洋战争初期曾所向披靡，无人可挡。它的巡航时速高达 340 海里，

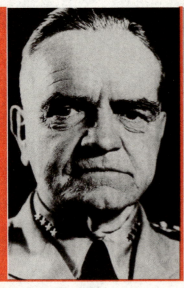

◀美军哈尔西海军中将。（左图）

◀美军太平洋舰队司令金梅尔。

在载重的情况下，航程可达到 790 海里，机载武器也很强劲，其中包括 7.7 厘米机枪两挺，20 厘米机炮两挺。但是它也有个致命的弱点，该型机为获取速度与操作性能而牺牲了其防御安全性，所以只要对手追上它，通常"零"式都极易受损。不过在横田的眼中，"零"式有如骄傲的王子，银灰色的机身在夕阳中奕奕生辉，机头微翘，有如高傲的头颅。而且，此时"零"式正在待命中，没有携带副油箱，螺旋桨已转至"启动"位置，座舱罩全开着，好让飞行员在必要时能一跃而入。横田又忍不住热血激昂起来，不禁握紧双拳，恨不得自己能立刻跳进去，飞上蓝天去搏击。正当他浮想联翩的时候，突然有人拍了拍他的肩膀，他回头一看，发现是一名来检修飞机的机械师，身后还跟着几个人。横田急忙冲他们笑了笑，问这名机械师说：

"从这种航迹来看，航空母舰正在加速前进吧？"

"是的，是在加速前进。"

的确，战斗部队这时正在悄悄地高速向敌人的纵深地带驶去。两人又相视一笑，舒缓一下内心的紧张和些许的不安。是啊，目的地就在前方，谁也不知道自己明天的命运将会如何。老婆、孩子、可爱的河山……这一切犹如走马灯那样反复地展现在眼前。即便往常总是说些笑话来逗人发笑的人，这时也会出奇地沉默起来。

横田感慨道："多好看的夕阳啊……"

这句话仿佛概括了隐藏在大家心坎里的共同的千思万感。

暮色渐沉，横田走下甲板。此时，他的许多战友正在洗澡，并且在洗完澡后，从兜裆

▶ 珍珠港之战中大出风头的"零"式战斗机。

布到内衣，直至外面的军装，都一一换下，穿上自己最干净的衣服。许多人还修剪了指甲和头发，并用纸张把修剪下来的指甲和头发包起来，放入信封或是包裹里。因为明天，一旦舰桥被一枚炸弹击中，恐怕整个人都会被炸成粉末。到那时，只有这些东西还会留下来，能寄给家人，甚至会被放在香台上或佛龛中受人敬仰也说不定。

尽管已是傍晚时分，航空母舰上的全体人员为了使明天的攻击万无一失，还在专心致志地忙碌着。甲板上，军官们还在研讨着攻击计划，同时没有一天不作细微修正。高级军官们都在舰桥上，他们整日不离舰桥，甚至和衣而睡。机械师们正在微暗的机库内对飞机做最后一次检查。飞行员们则在擦拭驾驶座前的挡风玻璃，侦察员们聚精会神地注视着图板上画着的攻击珍珠港的示意图。

但是在甲板下，依然很热闹，官兵正在努力学习辨认美军舰艇。因为从空袭珍珠港的作战目的来说，攻击目标分为三部分，首要目标自然是美太平洋舰队的航空母舰，即"列克星敦"号、"约克城"号、"大黄蜂"号和"企业"号等。其次是战列舰和重巡洋舰，最后才是港口附近的各种地面设施。根据吉川的情报，日军获知目前美国在夏威夷方面有8艘战列舰，即"西弗吉尼亚"号、"马里兰"号、"加里弗尼亚"号、"田纳西"号、"亚利桑那"号、"宾夕法尼亚"号、"内华达"号、和"俄克拉荷马"号。

其实命运的天平虽然一直倾向日军一边，但也没有完全就倒在日本一边，它也时不时地倾向美军一方。在日军袭击前，前面提到的首要目标，即那几艘航空母舰都已离开珍珠港：5日上午8点，由约翰·牛顿少将率领的第12特混舰队前往西部方向的中途岛，舰队中包括"列克星顿"号航母、3艘重巡洋舰和5艘驱逐舰。

而由绰号"公牛"的哈尔西中将率领的包括"企业"号航母在内的第8特混舰队，在完成向夏威夷西方的威克岛运送海军战斗机的任务后，正在返回的路上。该舰队预定于7日早晨7点半进入珍珠港，也就是日军飞机发动进攻前25分钟，但由于受天气影响，在给驱逐舰补给燃料时耽误了时间，因而幸运地没有遭到日本飞机的轰炸。

"萨拉托加"号航空母舰则已经返回美国西海岸。这样，太平洋舰队的航空母舰都不在珍珠港内，使日本失去了头号打击目标，失去了彻底重创太平洋舰队和美国海军的良机。不仅如此，美国的重巡洋舰"印第安纳波利斯"号和"明尼阿波利斯"号也都离开了港口，这些美国的撒手锏侥幸地逃过了这一场大劫，并且成了日后美军复仇的利刃，日本的最终败亡此时已埋下了伏笔。

不过，此时马上就要交战的双方都没有意识到自己有多幸运、又有多么的不幸。在美国方面，他们依然可以高枕无忧地安心再睡一夜。而已走在美军背后，利刃在手的日本方面，此时却是另一番热闹场景。

在"瑞鹤"号航母的机库甲板下，机组人员正在玩着"猜谜比赛"。战机分队长佐藤正夫大尉把藏在自己背后的美国战列舰模型一一拿出，并在大家面前摇晃一下，然后要大家猜出它的舰名。

"宾夕法尼亚号。"岩本彻三上士镇定自若地说。

"对！"佐藤赞许地说。

岩本可是非同常人，他号称是日本海军的第一空战王牌，拥有击落敌机100架的辉煌战绩。此时，他已在侵略中国的战场上拥有击落14架飞机的记录。后来，他不仅挺过了残酷的太平洋海战，更逃过了战争末期的殊死拼杀以及战后的审判，1955年因败血症死于寓所内。

佐藤又拿出一张模型。

"亚利桑那号。"塚本袖造抢着说，说完还不忘斜着眼挑衅地看了岩本一眼。

"不对！"

大家轰地一下笑了起来。

"是俄克拉荷马号。"副队长牧野正世大尉更正说。

"对！"

接着，这位军官还给大家看了一艘航空母舰的剪影。

"列克星敦号。"

"对！"

"企业号。"塚本抢着说。

"笨蛋，这是'赤城'号，是我们自己的旗舰。"

大家哄然大笑。佐藤严肃地说："塚本君，你可别再搞错了，到时候你要是降落到'翔鹤'号上倒好，要是降落到'企业'号上，或是把咱们自己的船给炸了，那可就糟了。"大家又轰然大笑起来。

原来，今天塚本在演习时把"翔鹤"号当成了"瑞鹤"号，直到降落后才知道弄错了。

塚本不服气地说："可是'翔鹤'和'瑞鹤'确实很像啊。"

确实，日本的"翔鹤"和"瑞鹤"号航空母舰外形极其相似，简直无法区别。

塚本又赌气一般地说："要是美国的航空母舰，我准不会弄错的！"

大家笑得前仰后合，笑声穿透甲板，刺向沉沉的夜空。

为了从空中准确地识别美国舰只，日军机动部队的飞行员事先不厌其烦地进行了不计其数的训练。各舰都配有美国各军舰的模型，飞行员总是利用训练的间隙，从纵横面、从上方和斜角度反复观察，认真记住哪个军舰有几个烟囱，舰桥在左舷还是右舷，桅杆的形状和大小等等，许多飞行员甚至做梦都在琢磨。几乎所有人都对美国的舰艇，特别是航空母舰和巡洋舰、战列舰了如指掌，可以认得万无一失，但是有不少人都像塚本这样，识别自己舰艇的能力很差。

此时在第二航空战队的旗舰"苍龙"号的飞行甲板下，飞行员们也在忙着最后记忆一下美国舰艇。在"苍龙"号飞行作战室的黑板上，画着一幅珍珠港的地图。昨天，飞行员们曾利用这幅地图做过捉迷藏游戏。今天早晨，一个个装有各种漂亮桅杆（识别美国战列舰的特征）的战列舰模型，已按最近收到的 A 情报，被放在珍珠港地图上的停泊位置上。这是准备让空袭部队进行沙盘演习的。接着，经过周密组织的空袭珍珠港的计划，开始进行演习。这次演习，由老练的飞行队长楠本和江草两人担任指挥官，让飞行员充当受训练的"驹"。

因为这次演习距攻击日期只有不到两天的时间，所以演习进行得非常认真。在演习中不时可以看到飞行员与敌人的势不两立：

"喂！你给我干掉这艘'亚利桑那'号，我来干掉这儿的'宾夕法尼亚'号（太平洋舰队的旗舰）。"

啪嚓一声，江草把"宾夕法尼亚"号的模型打翻在地，也震得桌上的杯子叮当作响。

"好极啦，这是送给你们的高级礼物！"

甚至连在一旁默然不语"观战"的山口多闻和柳本柳作也忍不住"扑哧"一声笑了起来。

No.3 短兵相接

命运女神并不是没有给美国一丝机会，只是她似乎总是特别眷顾日本军队，总是刚把机会之门打开了一条缝，又迫不及待地关了起来。日本奇袭计划成败与否的关键就在于它的突然性，只有自始至终把美国人蒙在鼓里，不让美国人发觉日军的动向，日本此次计划才能取得成功，否则，等待他们的就将是地狱。日本不仅在外交上、在准备工作上做足了文章，在前往夏威夷岛实施偷袭的途中，也是下了十分的力。可是就是在这个方面，先后出现一系列纰漏，几乎断送了山本的整个计划，却又奇迹般的化险为夷。

从日本本土出发攻击夏威夷，通常有三条航路可以选择。一条是北线，即从阿留申群岛南下，插入夏威夷；另一条是中央航路，这条航路主要是商船航道，过往商船很多；最后一条是南方航道，即途径马绍尔群岛，从西南方向接近夏威夷。这三条航道各有利弊。

北方航线远离美国岸基飞机和巡逻舰只的巡逻圈，而且由于航道浪大雾多，航道情况复杂，所以商船、渔船等也通常不走这条路线。日本大舰队被商船和渔船发现的机会很小，这很利于隐蔽，对于达到突袭的目的很有利。但是由于北太平洋的冬天季风特别强劲，且

▼大改装后的日本海军"赤城"号航母，3架战斗机正集结在船头甲板上。

气候恶劣，经常是浓雾弥漫，不适合大舰队的行动；加上航线又长，途中需要补给燃料，在加油技术上是否能克服困难，以及大小舰艇能否同时到达目的地还都是未知数。

南方航线上有许多荷兰、英国和美国的岛屿，无法顺利通过。

而中间航线利弊和北方航线正好相反。这条航线海面平稳，航行便利，但是来往船只较多，而且靠近中途岛、帕尔米拉岛和约翰斯顿岛诸岛，这些岛屿都处于美军的巡逻圈内，被美军发现的机会非常大。

经过激烈争论，最后，大多数人都同意，北方航线尽管航情复杂，困难重重，但是对于奇袭是非常必要的，中央航线和南方航线被发现的概率太高，一旦被发现，整个作战计划就会功亏一篑。山本也认为，既然偷袭珍珠港本身就是一次冒险，那么航路选择也必须冒险。因此，日军只能选择成功可能性较大的北方航线。

但是就在日军大部队踏上征程后不久，日本特混舰队指挥部收到了一份使机动部队首脑人物大惊失色的电报。这是从先遣部队第6舰队的旗舰"香取"号上发来的一份紧急电报。

原来，11月24日，"香取"号驶离横须贺港，经特鲁克驶往马绍尔群岛的夸贾林岛途中，于28日下午5时左右在塞班岛以东160海里的地方突然遇上一艘美国"布鲁克林"型巡洋舰，它正护卫着5艘运输船朝菲律宾或关岛方向驶去。

这艘布鲁克林型巡洋舰排水量为9,700吨，配备有15门口径为15厘米的大炮。而"香取"号则是一艘供教练用的巡洋舰，排水量为5,900吨，舰上只装备了几门口径为14厘米的大炮，战斗力差得无法比拟，航行速度也慢得可怜。当时日方大吃一惊，但对方也非常紧张。不过，先遣部队指挥官清水美光中将没有改变航向，他从容不迫地指挥舰队仍按原来的航向继续前进。

当双方相距近1万米左右时，美国巡洋舰上的大炮突然调整仰角，把炮口一齐对准"香取"号。

霎时间，"香取"号上剑拔弩张，充满了杀气腾腾的气氛。

但是，美国方面好像仅仅是掩护运输船，从巡洋舰的烟囱里放出大量浓烟，并两次大幅度调整航向。

当美国方面的舰艇随同浓烟一起在水平线上消失时，"香取"号就用紧急暗语电报向上级报告了它同美国舰艇接触的情况。

当时，28日早晨7时（夏威夷时间），由"公牛"哈尔西率领的第8特遣舰队（以航空母舰"企业"号和3艘重型巡洋舰、9艘驱逐舰为基干）驶离珍珠港后，正加速驶往威克岛执行特殊任务。

但只有这一天，在哈尔西的舰队中却看不到有战列舰。

原先哈尔西曾考虑到：为使日本方面，特别是夏威夷的日本间谍产生错觉，使其认为美舰这一行动只是一次例行训练，因此有必要让战列舰跟随舰队一起出发。但后来之所以没有让战列舰随队出发，是因为他又断定：首先，他必须尽快地把海军陆战队的战斗机运往威克岛；其次，时速仅17海里的战列舰同时速达30海里的"企业号"航空母舰、巡洋舰、驱逐舰一起出航只会碍手碍脚；最后，一旦与日本舰队相遇，战列舰几乎无法保护美国的舰艇，因为保证安全的最大要素是速度。

哈尔西率领舰队驶离珍珠港后不久，他就命令"企业"号舰长乔治·D·马雷上校发布《第一号战斗命令》。于是，马雷舰长便向舰上人员发出下列命令："企业号"从现在起进入战斗状态；注意防备敌人的潜艇。

这就是说，接到作战部部长斯塔克的"战争警告"后，在美国太平洋舰队中至少有哈尔西的舰队已采取了战斗态势。

哈尔西在命令马雷的同时，还向第8特遣舰队下达了命令，要所有的飞机都带上炸弹或鱼雷；把鱼雷机上供演习用的弹头都换上供实战用的弹头；飞行员随时准备起飞去击沉和击落被发现的敌舰和敌机。

知道这次航行目的地是威克岛的一共只有3个人，即哈尔西、派遣飞行队长普特南海军少校和另外一位军官，所以在哈尔西的战斗命令下达后，整个特遣队都沸腾起来了。此时美国还没有公开宣布对日宣战，而且哈尔西也没有把这项命令告诉过参谋们。所以作战参谋威康·H·布莱卡中校左手拿着战斗命令，带着疑惑不解的神色向哈尔西问道："司令，你同意这项命令吗？"

"同意。"

"你知道这项命令意味着战争吗？"

"知道！"

"但是不能由你司令个人来决定开战，万一出了事情谁来负责？"

"我负责，可以吗？如果发现敌人过来就先发制人。有什么争论到以后再说。"哈尔西中将的回答就像他那绰号"公牛"似的，声调提得高高的。

哈尔西的舰队停止了无线电通信。白天，派出反潜巡逻机担任戒备，每天早晚两次出动飞机在舰队周围483公里的范围内搜索敌机敌舰。因此可以说，如果那时发现了攻击夏威夷的日本先遣部队的舰只和潜艇的话，那么先行发动太平洋战争的也许就是美国了。

这里顺便提一下，哈尔西的舰队于12月4日早晨7时在离威克岛大约322公里的地方，

让海军陆战队的 12 架 F-4F 战斗机起飞后，便立即掉过船头向珍珠港返航。它打算于 12 月
7 日早晨 7 时 30 分（夏威夷时间——即日军第一批攻击部队开始进攻前 25 分钟）进入珍
珠港港口。但因天气不好，在给驱逐舰补给燃料时耽误了时间，因此在具有历史意义那一天
的黎明，哈尔西的舰队还在离珍珠港 322 公里的地方。那天早晨 6 时，哈尔西曾派出 18 架
SBD 俯冲轰炸机先行飞往珍珠港，同时兼负前方巡逻任务。当时"企业"号的舰上人员还
对那些能在自己前面早一步返回基地的飞行员感到非常羡慕哩！而后来这批倒霉的轰炸机队
不仅受到了日机的攻击，而且还被夏威夷地面高射炮部队误认为敌机而痛击，损失惨重。

就在日本方面捏了一把冷汗的时候，又有一场危机袭来。

山本五十六非常担心途中遇到别国的船只，从而使舰队的行动功亏一篑。为此，山本
在舰队出发前下达死命令：机动舰队一旦被别的舰只发现，不准主动向对方实施攻击。

在日本舰队大部队行驶的过程中，行动十分隐蔽，但是在 12 月 6 日，还是遇到了一
艘商船。

这艘商船的船舷上站满了人，好奇地打量着这支庞大的舰队，并不时地指着日本舰队相互议论着。而在日本战舰上，气氛却格外的紧张。日本炮兵已经迅速跑到炮台，扶起瞄准镜对准商船；甲板上的飞行员也跳入敞开的机舱中，并发动引擎；巡洋舰也开始调校炮口，对准这艘船。参谋坂上五郎疾步走到指挥室，迅速向南云中将汇报了情况，并着急地说：

"阁下，我们可能已经暴露，请下令开火击沉它吧。"

南云手托着下巴，默默地注视着越来越近的商船，沉吟着说："不，再等等。"

船越来越近，已经来到南云舰队的舷边。舱内的气氛更加紧张，甲板上的炮手看着近在咫尺的商船，咕囔着说："还等什么，快开火呀。"

坂上五郎忍耐不住，大声催促说："阁下，快下命令吧，要不就来不及了。"

南云不慌不忙地挥挥手，说："不，等等。传令各舰，将主炮继续瞄准商船。"

他沉吟了片刻，忽然回头问身边的其他参谋："它发出过什么无线电报告吗？"

参谋拿起身边的电话，低声问了问，然后抬头对南云说："长官，还没有。"

"很好，命令各舰，如果它有任何用无线电报告的迹象，就立刻将它击沉。"南云沉声说。

"是，长官。"参谋立刻通知各舰。各舰都警觉地监视着商船，依然保持着高度戒备的状态。

但是这艘商船却没有采取任何行动，甚至都没有避让，径直从南云舰队旁擦过。甚至有人还站在船舷上向日本舰队挥手，口中还高喊着什么。

坐在炮塔中的吉野中士忍不住想挥手还礼，手刚抬起来，立刻意识到不对，马上又放了下来，羞赧地嘟囔着说："他们把我们当成什么了呀？"

也许这艘商船把南云舰队当成了演习的日本舰队，根本不予理睬，从南云舰队旁边驶过，扬长而去，很快从舰队的视野中消失了。

舰队高度紧张的舰员都不由得长舒了一口气，放下心来。

指挥室中，参谋们都相视一笑，面色凝重的南云也松弛下来，摆了摆手，命令说："继续高速前进。"

就在南云舰队弹冠相庆、为自己的好运感到高兴的时候，此时，在300海里以外的珍珠港，另一场更危险的遭遇却险些将山本等人多年的苦心经营彻底葬送。

美国舰队和巡逻飞机没有发现300海里以外的庞大舰队，但是在珍珠港附近，美国舰队却发现了一些蛛丝马迹。

作为日本特混舰队先遣队的27艘潜艇都于指定时间到达指定位置，第一分队4艘在瓦胡岛以北海域，第二分队7艘封锁珍珠港东西海峡，第三分队9艘监视珍珠港的入口。

其中伊-71号潜艇向编队报告瓦胡岛西北的拉哈纳锚地没有舰艇停泊。也就是说所有的美舰都停泊在珍珠港内。于是突击编队的所有进攻力量都集中用于珍珠港。特别攻击队的5艘潜艇分别放出所携带的袖珍潜艇，由袖珍潜艇自行设法潜入港内。最后2艘潜艇则负责监视夏威夷同美国本土之间的联系。当晚，突击编队收到东京转来的由吉川猛夫发自珍珠港的报告：珍珠港停泊有战列舰9艘，巡洋舰3艘，驱逐舰17艘。另有4艘巡洋舰和2艘驱逐舰在船坞。港内无航空母舰。美军没有飞机巡逻，也没有部署防空阻塞气球。

但是在7号的6点30分整，美军太平洋舰队储存供应船"安塔尔斯"号在返回珍珠港时，船上的一名船员无意中发现离右舷大约2海里的地方有一个形状极为可疑的物体，他立刻报告了舰长克兰尼斯海军中校。克兰尼斯中校拿着望远镜仔细观察，发现那个物体呈圆桶状，顶端微露出海面，在海浪中一起一浮，很像是一艘潜艇的指挥塔。由于供应船上并没有携带任何声呐设备和其他侦测仪器，无法准确判定这个物体到底是什么。

克兰尼斯判断这是一艘不明国籍的潜艇，大概是它的下潜控制系统出了故障，无法下潜，正试图躲避美军的侦察。他不敢怠慢，立刻命令发报员把这个消息通知附近的作战舰队。

离"安塔尔斯"号最近的作战舰只是驱逐舰"华德"号，这是一艘第一次世界大战时的旧型驱逐舰，它同类的舰只早就退役或是被改装成扫雷或布雷舰，只有"华德"号和其他两艘驱逐舰仍在珍珠港内服役，只是它的设备极其陈旧。当时，它正在瓦胡岛南方作近海巡逻。

"华德"号上的值勤军官格威廉·戈普纳中尉接到"安塔尔斯"号传来的电报，立即报告舰长威廉·奥特布里奇上尉。奥特布里奇正在小憩，闻讯匆匆穿好军装，和格博纳一同跑上舰桥，并下令立刻前往"安塔尔斯"号报告的地点。

"在那儿，舰长。"仔细盯着海面、寻找目标的戈普纳突然指着远处的一个黑点，告诉奥特布里奇。

"嗯，没错。"奥特布里奇指挥着"华德"号向那个可疑物体靠近。

"舰长，就是它，我看它应该是一艘潜艇的指挥塔，没错。不是我们的。"戈普纳说。

奥特布里奇说："通知总部，确实一下是不是我方潜艇。"

戈普纳说："舰长，肯定不是我们的潜艇，看起来也不是英国的，我们应该怎么办？"

其实，这艘潜艇正是日本的王牌之一，也是山本寄予厚望的利刃强兵，它是日本机动部队派出的5艘微型潜艇中的一艘。这种微型潜艇潜水的排水量是46吨，能携带2枚鱼雷，是以电瓶为电源航行的超小型潜水艇，潜水时最高时速为24节，续航力以全速航行可维持1个半小时。这种小型潜艇先要由母艇携带至目的地附近，再自行前进。攻击珍珠港的微型潜艇总共只有 5 艘，每艘上有两名驾驶员，一名军官和一名士兵。日军原定的计划是让这 5 艘微型潜艇在开战之前秘密潜入珍珠港内，利用它们速度高和体积小，难以被发现的优点，在部队决战之前，秘密潜入珍珠港，对港内舰只进行鱼雷攻击。这种攻击纯粹是肉搏，因为一般来说，微型潜艇在战斗打响之后，乘员生还的可能性微乎其微。但是日本潜艇部队的决心很大，再三请战，山本最后只好同意微型潜艇部队出征。

12 月 7 日下午 8 时 46 分（即夏威夷时间凌晨 1 点 16 分），在距离珍珠港 17 公里的地方，这 5 艘潜艇先后离开母舰，向珍珠港进发。在出发前，横山正治中尉代表 10 名攻击队员写下了绝命诗：

誓神明 / 期必胜 / 珍珠港 / 望敌舰 / 成大举 / 后有期

这首绝命诗后来传遍了整个潜艇编队以至所有海军部队，盛行一时。

现在被"华德"号发现的就是其中一艘。这艘潜艇是"伊－20"，由潜艇部队的精英广尾彰少尉和片山义雄中士驾驶，它正尾随"安塔尔斯"号准备偷偷溜进港内，在开战的时候制造混乱，谁知却在这紧要关头出了故障。要是被美军确定国籍甚至"生擒"，那么日本的偷袭计划将彻底泡汤。此时两人头上都冒出了豆大的汗珠，片山拼命地扳动下沉控制杠杆，但是潜艇还是一动不动，广尾也失去了他一贯的镇静，拼命地检查舱内的仪器。

此时在海面上，"华德"号越驶越近，目标已经很清晰了。奥特布里奇皱着眉头，仔细地观察了片刻，突然回头对炮长罗素·克奈普说："发布战斗警报，命令装填手装弹，射手准备。"

"是，长官。"克奈普敬了个军礼，迅速跑向炮台下达命令。第一装填手海军一等兵安布罗斯·道马戈和第四装填手海军一等兵哈乐德·弗兰那根迅速装填好一号炮和三号炮，瞄准手克拉伦斯·凡顿已校准好炮口，牢牢地盯死那艘潜艇。

▼美军驱逐舰"华德"号正在攻击日军潜艇。

日本潜艇中的广尾感到不妙,企图采取规避行动并强行下潜,但潜艇还是无法下潜。片山绝望地看着广尾,任脸上的汗流过抽搐的眼角和嘴边。此时广尾的心中却没有恐惧,只有深深的自责和懊恼,死亡倒没什么,日本武士随时准备为天皇献出生命,但是要是暴露了目标,他就是立刻切腹自杀也难赎其罪了。在临行前,山本长官还特意为他们这些潜艇部队的成员送行,并和每位出征将士一一握手,同时还特意叮嘱,在空袭之前,即使发现最好的时机,也绝不能抢先攻击,以免暴露整个作战企图。广尾恨不得立刻启动自爆装置,但是这种袖珍潜艇为减轻重量和体积,去掉了一切不必要的设备,包括自爆设备。而且在临行前,部队长官甚至要求他们将一切个人物品,包括手帕之类的,都留在陆地上。此时两人只有干着急的份了。

"华德"号此时迅速冲向"伊-20",距离它只有不到 100 米,潜艇已暴露无遗。一切准备就绪,戈普纳中尉跑到舰长身边,报告说:"一切就绪,长官,开火吗?"

奥特布里奇看了看表,时针指向了 6 点 40 分,他果断地一挥手,命令说:"开火。"

奥特布里奇下令开火,一号炮的射手爱德华·博克莱迅速开出了第一炮,但是第一发炮弹没有击中目标,炮弹划过潜艇指挥塔落到了海中。三号炮台的约瑟夫·福路路和瞄准手凡顿咒骂了一句,和副炮长一同校正了方位。射手射出了第二发炮弹,这次打得很准,炮弹打在了潜艇吃水线的位置,正好炸在指挥塔和艇身的接合部。广尾和片山感到有如被重锤击中一般,重重地撞到了潜艇的左壁上,潜艇开始向右舷倾斜,并开始下沉。

与此同时,美军的 3 架 PBY 水上飞机在瓦胡岛南部海域进行例行的巡逻飞行时,发现可疑潜艇,可飞行员使用密码向基地报告,以致延误了时间。其中一架由威廉·坦那少尉(正驾驶)和罗勃·克拉克少尉(副驾驶)驾驶的美海军 PBY14-P-1 巡逻机,正由康奈欧希基地起飞,执行一项例行的反潜巡逻任务。领航员唐纳·巴特勒突然发现了日本的"伊-20"潜艇,立刻报告了坦那少尉。

克拉克好奇地打量着水面上的潜艇和远处的"华德"号军舰,转头对坦那说:"咱们的潜艇出事了吧?"

坦那少尉点了点头,回答说:"嗯,由'华德'去救援吧,咱们也投个浮灯帮助它定位。"

坦那少尉朝着潜艇投掷下两枚浮灯,并准备联系"华德"号开展救援。突然,他们看见"华德"号炮口火光一闪,一枚炮弹划过空中飞向潜艇,他们不由得大吃一惊。

随后,"华德"号不断开火。他们才恍然大悟,坦那大喊:"是敌舰,是敌舰,准备深水炸弹。"

克拉克迅速投下了 PBY 上唯一的一枚深水炸弹,此时,潜艇已开始下潜。

　　在海面上，看见潜艇开始下潜，奥特布里奇命令全速驶去，在潜艇的下潜处投下一串深水炸弹。一枚枚圆桶状的深水炸弹被抛出船舷，砸向潜艇下沉的方向。很快，水面上不时冒出一阵阵气泡，突然，一股黑黑的燃油和残片浮上水面，"华德"号上的水手立刻欢呼起来，奥特布里奇脸上也露出了笑容。

　　"伊－20"潜艇在下沉过程中在30米深水处碰上了深水炸弹，沉入了400米深的海底。

　　6时51分，美国驱逐舰"华德"号击沉了其中一艘，9分钟后，巡逻机又击沉了另外一艘。

　　这是珍珠港之战中响起的第一枪。而"华德"号这一击，在历史上被称为美国在太平洋战争中的第一击。这是历史给日本人开的一个玩笑，"第一枪"不是来自处心积虑捅暗刀的日本人，却是来自一艘美国军舰，而流下第一滴血的也不是作为"猎物"的美国人，却是"猎人"日本人。

　　山本最担心的事终于还是发生了。庞大的特混舰队行驶几千海里没有被发现，而到了目标的门口，自己的一艘袖珍潜艇却出了事。眼看日本的企图就要暴露无遗，长时间的准备马上就要付诸东流，不要说攻击目标，自己能否全身而退都是未知数。

　　不过，日本人似乎运气特别好，每当形势要急转直下时，总会出现一些意想不到的转机。

　　在击沉日本潜艇后，奥特布里奇命令执勤军官戈普纳立刻将这一事件上报，戈普纳向第14海军军区执勤军官汇报了此事。此时，渊田指挥的飞行部队已经扑向了毫无戒备的珍珠港，距离轰炸开始只有1小时。

　　当日执勤的军区军官是海军少校卡明斯基，他是有过多年戎马生涯的职业军人，接到戈普纳的报告，他立刻意识到事态的严重性。虽然此时还不知道这艘潜艇的国籍，但是他立刻将这个报告标示为最高级，并立即准备上报给司令部。但发现微型潜艇的报告传到太平洋舰队后却始终没有回复，港内各舰仍然未挂起防鱼雷网，也没有升起防空阻塞气球。卡明斯基得不到回复，立刻又给太平洋舰队司令金梅尔的助理、作战计划参谋墨菲打电话。但墨菲漫不经心，要求进行核查，确实潜艇的身份。

　　6时53分，"华德"号再次向分区司令部报告。但是依然没有引起司令部的重视。

　　与此同时，PBY14-P-1巡逻机的坦那少尉也向第二巡逻机联队指挥部报告了他们发现不明潜艇的事情，并说他们已经击沉了该艘潜艇。

　　拉姆齐海军中校不敢怠慢，立刻向司令部汇报。7点左右，墨菲接到了拉姆齐的电话。拉姆齐报告说，第二巡逻队的一架飞机在执行任务时，在距离珍珠港入口不远处击沉了一艘形迹可疑但国籍不明的潜艇。

　　此时墨菲也坐不住了，他意识到情况紧急，立刻给分区司令布洛克少将打电话。

　　7时40分，分区司令布洛克少将才接到"华德"号的报告，他正在阅读报告时，墨菲的电话就打了过来。

　　墨菲告诉布洛克说："你们舰队的'华德'号报告击沉一艘形迹可疑的潜艇，刚才第二巡逻队的一架飞机也报告击落一艘潜艇。"

　　布洛克沉声说："我刚接到报告，已经确认了吗？"

　　墨菲回答说："还没有，正在联系。"

　　布洛克沉吟了片刻，问墨菲："可以确认这两份报告所说的潜艇是同一艘还是分别的两艘？"

　　墨菲回答说："目前还无法确认。"

　　布洛克说："那好，如果是单独的两艘，那事态就严重了。你赶紧报告金梅尔司令，我派船去支援并进一步核实情况。"

　　放下电话，布洛克深感事态严重，急忙下令加派"莫纳汉"号驱逐舰前去支援。此时距空袭开始仅有10分钟，为时已晚。

　　而在另一边，墨菲放下电话也不敢怠慢，立刻打电话通知金梅尔上将。

　　金梅尔刚起床不久，正准备去打一场高尔夫球，然后回来吃早餐。墨菲给他打电话时，他还没有洗脸刮胡子，正慢悠悠地给花浇着水。接到墨菲的电话，他不紧不慢地说："行，知道了。我待会儿过去。"

他停了停，思考了片刻，又命令说："我立刻去办公室。你先进一步核实一下潜艇的国籍，尽快给我报告。"

十几分钟后，"华德"号击沉潜艇的报告经过层层上报，终于转上来，到了金梅尔上将那里。金梅尔还是无法判定这是真的进攻，或是一次大规模攻击的前奏。

墨菲一边要求舰艇部队保持戒备，并组织潜水员下水察看，一边命令巡逻机队加强巡逻。然后，他来到金梅尔办公室，请示下一步行动。

金梅尔依然犹豫不决，他拿着报告思考了片刻说："这种潜伏潜艇的报告很多，绝大多数都证明是错误的。"

他又沉默了片刻，看了看墙上的海图，回身对墨菲说："进一步核实情况，有新情况迅速通知我。在此之前，先不要采取任何行动，等证实了再说。"

他看墨菲似乎还想辩驳两句，就挥了挥手，坚决地说："不要引起无谓的惊慌，立刻去执行。"因为发现潜艇的事太多了，所以，听惯呼喊"狼来了"的金梅尔上将，在这关键的时刻，没有引起警觉。

不仅是金梅尔，第二巡逻队指挥官派屈克·贝林格少将、夏威夷地区守备司令华特·

肖特中将以及太平洋舰队战列部队航空司令官威廉·海尔赛中将等人都没有做出果断决定，他们都在等待进一步的核实，却没有一个人派出一架侦察机去周边侦察一下。否则，来袭的日本大部队、尤其是正扑向珍珠港的日军大型机群都会暴露无遗。

而且，更糟糕的是，守备区司令也没有将一级警戒上升到二级或三级警戒，从而避免日军轰炸所造成的极大损失。就这样，一个再明显不过的警示却被当作偶然事件而不可思议地被漠视了。

其实，日本人的潜艇攻击绝对是个败笔。日军的特种潜艇部队在这次袭击中毫无战果不说，艇上的 10 名人员，除了酒卷因其所乘坐的潜艇搁浅得以生还以外，其他人无一幸免。如果不是美国军队官僚主义的帮忙，它几乎葬送了山本瞒天过海的攻击计划。

美国军队又一次失去了防卫甚至痛歼来犯敌机的良机，在这场人间惨剧到来之前，他们还能有多少机会?

就在美国人还在忙于粉饰太平的时候，日本人早已磨好屠刀，随时准备发动突然攻击。

周末，对美国海军官兵们来说，是花天酒地的销魂时刻。这一天晚上，舰只相继返航。

珍珠港笼罩在苍茫的暮色之中，月亮从东方徐徐升起，整个军港在皎洁的月光下，更显得恬静而欢快。

这是一年里最后一个月的第 1 个周末。这天，珍珠港的灯光好像比哪一个周末都明亮。太平洋舰队的全部战列舰，在夜雾的笼罩下整齐地排列在港湾里，好像经过了遥远、疲劳的远航，正在安安静静地歇息着。甲板上有些水兵在走动，他们准备上岸去过一个欢快的周末，玩个开心，喝个痛快。这天晚上，军官俱乐部、士兵酒吧、电影院和咖啡馆，比哪一天都热闹。

珍珠港无战事。周末的太平洋舰队已经完全解除了武装，这里好像是一个游客如织的海滨度假旅游胜地。

然而，此时此刻，日本庞大的机动舰队在夜幕的掩护下，正杀气腾腾地向珍珠港驶来。

1941 年 12 月 7 日凌晨 4 时（夏威夷时间，即东京时间 12 月 7 日 23 时 30 分），突击编队经过 12 天约 6,600 公里的航程，顺利抵达珍珠港以北约 420 公里的预定展开海域。

夏威夷时间清晨 3 时 30 分，万籁俱寂的夜空中突然响起刺耳的军号声。日军机动部队各舰艇上的号兵鼓足全身的力气吹响了"起床号"。最后一个和平之夜终于结束了。

飞行员被唤醒，各自系好象征吉祥的千针带，留下附有头发或指甲的遗书，然后前往设在舰上的神社去参拜。在默默祈祷完平安后，飞行员们来到餐厅吃早餐。这顿早餐很丰盛，主食是一般过节时才能吃到的红豆饭。飞行员们表情凝重地慢慢地咀嚼着每颗饭粒，有些人甚至还会把掉在桌上的饭粒拾起来吃掉。这也许是最后一顿饭也说不定，有些人嘴里喃喃道，但是没有人表现出一丝恐惧或不安。当作为主菜的清蒸全鱼端上来的时候，气氛明显轻快了许多。清蒸全鱼可是在祭祀和庆祝时才能吃到的好东西，有些家境贫寒的人甚至是第一次吃。大家吃得兴高采烈，还不住地夸奖做得好吃，带动了其他人也欢快起来。不过，鱼虽然好吃，但是大家都仿佛有默契似的，在吃完鱼朝上的一面后就停下筷子，没有人把鱼翻过来，那可是不吉利的征兆。最后端上来的是栗子，这种栗子在晒干后被剥去皮，然后直接端上饭桌。大家不由得欢呼起来，因为栗子在日语中写作"胜栗"，谐音"胜利"，象征着胜利和吉祥，是庆祝胜利或重大节日时必备的食品。不知是谁先喊的"万岁"，大家都跟着高喊起"万岁！万岁"，声音在舰船间回荡，久久不息。

大家一边对后勤人员的一片好意表示感谢，一边敞开肚皮饱餐一顿。

"没有什么可留恋的了。"

"要是能有很多种酒喝，那就更没有什么话好说的了。"

"吃饱吃好了就行，打完胜仗回来再喝吧。"

吃过早饭，飞行人员在作战室里听取最后的简况介绍，等待出击的命令。

随后，机动部队全体官兵进入战斗岗位。他们一边严密地进行戒备，一边以每小时20至23海里的航速一路南下，直逼珍珠港。这时东太平洋上空还是一片漆黑，一轮残月时而被浮云遮盖，时而又从云缝中露出来。

清晨5点钟，机动部队旗舰"赤城"号上的作战室人声鼎沸。在灯光灰暗、狭小拥挤的房间里挤满了飞行员，还有一些人挤在门口或是过道上。作战室内挂着3块牌子，中间的一块上面写着联合舰队司令山本五十六电告全体官兵的训示："皇国兴废在此一战，我军将士务须全力奋战。"左边的黑板上写着南云中将的训辞，要求官兵们粉身碎骨也要完成皇国大业。

5时30分，"利根"号和"筑摩"号两艘巡洋舰分别弹射起飞1架零式水上侦察飞机，对珍珠港进行战前侦察。

此时，航空母舰上的所有飞机已做好了一切准备，在每一艘航空母舰的飞行甲板上，都排满了双翼展开、引擎开动的战鹰。机腹下有的挂着重型炸弹，有的挂着鱼雷，铅灰色的外壳上微微闪烁着冷光。第1攻击波的183架飞机已经整齐地排列在甲板的起飞线上。最前面是43架零式战斗机，接着是50架99式高空水平轰炸机和50架爱知造99式俯冲轰炸机，殿后的是40架中岛制97式鱼雷攻击机。

中岛制97式鱼雷机，是日本制造的舰载单翼机，它的最大时速为235海里，续航力1,238海里，其性能大大优于它同时代的对手——美国的"掠夺者"式和英国的"剑鱼"式鱼雷机；爱知造99式舰载俯冲轰炸机，是太平洋战争最初几个月里标准的日本俯冲轰炸机，它的最大时速为242海里，续航力1,200海里，可以携带1颗249公斤炸弹和2颗104公斤炸弹；三菱造"零"式战斗机，是日本制造的最为先进的战斗机，它的作战半径、机动性、速度等性能，都比当时太平洋上其他国家的战斗机，比如美国的"野猫式"战斗机和英国的"水牛"战斗机等要优越得多。

海浪很大，扑打在倾斜的飞行甲板上，正在高速行驶的航空母舰摇摆得很厉害，舰身的倾斜度竟达到11～16度。平时在演习中，倾斜度超过5度就得取消飞行，但在今天，却是无论如何都要起飞的。

在漆黑的海面上，舰尾后边划出一道白色的、逐渐展宽的长长的航迹。大浪时而打到甲板上。负责固定飞机的地勤人员，正在拼命地稳住准备起飞的一排排飞机，以使飞机少受军舰摇摆的影响。

夏威夷时间6时整，挂在飞行员待机室墙壁上的黑板上，准确地写着6时旗舰的位置：瓦胡岛以北230海里。

舰桥上,风刮得呜呜的,大浪不时地打到飞行甲板上。天空一片漆黑,外面什么也看不到。如果是演习的话,一定得等到天亮才能起飞。但这是作战,必须此时起飞。

"祝马到成功!"在人们的一片欢呼声中,渊田非常沉着地走向飞机。他的飞机——总指挥官的飞机尾翼涂着显眼的红黄相间的油漆,在夜里也是那么的醒目。

这个时候,一名机械师走了过来,手里拿着一条特制的缠头布带,对他说:"这是地勤人员的一点心意,表示我们跟你们一同飞往珍珠港。请务必收下。"

渊田向机械师深深地鞠了一躬,接过布带,把它紧紧地系在自己的飞行帽上,转身登上了飞机。

在引擎的轰鸣声中,6艘航空母舰左转弯,转向顶风方向航行。清晨6时,海面上刮

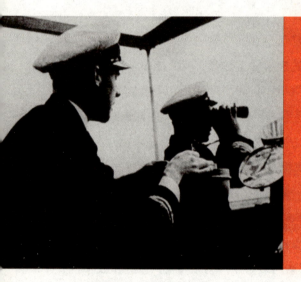

◀美国海军舰艇指挥官在用望远镜观察海面情况。

起的每秒13米的偏东风没有丝毫的减弱,吹得桅杆上"Z"字旗猎猎作响。

舰桥上那盏指示起飞的蓝色起飞信号灯在不断地闪烁。飞行甲板前面的战斗机开始起飞了。

"起飞!"南云司令长官提高嗓门下达命令。在他的身后,"赤城"号主桅杆上的那面"Z"字信号旗与战斗旗一起迎风飘扬,好像欢送的手一样。

蓝色的信号灯划了一个大大的圆弧。6艘航空母舰上的一号飞机在楔形垫木拿掉后,向后方甲板喷出强大的气流,迎风向舰首冲去。

发动机隆隆作响,飞机在慢慢滑行。舰艇仍然在剧烈摇摆,飞行甲板也在随着摇晃不止。每摇晃一次,送行的人们心头就忍不住一紧。但是,在下次摇摆到来之前,飞机已经幕地起飞了。甲板上响起了暴风雨般的欢呼声。人们挥动着帽子,挥舞着手臂,还有的则挥舞

着带有"Z"字的小旗，为飞行员送行。

第一架飞离"赤城"号的飞机是由板谷茂驾驶的。自他起飞算起的 15 分钟内，第一攻击波的 183 架飞机腾空而起，只有 1 架飞机坠入太平洋，幸好一架驱逐舰及时将飞行员从冰冷的海水中救起。夏威夷时间 12 月 8 日 6 时 15 分，第一攻击波的飞机在舰队上空集合完毕，并编好了队形。

6 时 20 分，渊田率领自己的高空轰炸机飞过"赤城"号舰首的上空，他的飞机尾翼上的红、黄识别色带和其他飞行队长的黄色飞机很容易区分开。舰首上的人们看到出发信号，都激动得泪流满面，他们拼命地挥舞着帽子或是手中的小旗，目送着一架架飞机飞向南方，渐渐消失在云层中。

当送走所有的飞机之后，南云再度指挥舰队转向南方，使舰队驶至瓦胡岛最北端外海 180 海里处。日本原预期多数飞机会遭到重创，所以准备将舰艇驶到尽量接近攻击区的地方去等候机队返航。

在渊田总指挥官座机的后面，是由他直接率领的 50 架 99 式高空水平轰炸机队，这是可载 3 人的舰上攻击机，各机都携带了每枚重达 800 公斤的穿甲炸弹，足以击穿战舰厚厚的铁甲；在他右后 500 米空中，飞行高度比水平轰炸机低 200 米的，是村田重治海军少佐指挥的、由 40 架 97 式鱼雷机编成的鱼雷机队，这也是 97 式舰上攻击机，所携带的鱼雷专门用于攻击浅港水域的军舰；在左后 500 米空中，飞行高度比水平轰炸机队高 200 米的，则是由"翔鹤"飞行队长高桥赫一海军少佐指挥的，由 50 架 99 式舰载俯冲轰炸机编成的俯冲轰炸机队。板谷茂海军少佐指挥的 43 架零式战斗机队，在整个机群上空 500 米担任警戒和掩护任务。

天空浓云密布，云层高 2,000 米。为了隐蔽，机群慢慢升高，在云层上空飞行。不久，东方的天空开始破晓，机翼下的那片黑云渐渐泛白，朦胧的天空呈现出一片亮光。接着，一轮红日从地平线上冉冉升起，放射出万道金光，将雪白的云海染成了一片金黄色的朝霞。天空也逐渐变成了蔚蓝色。

在满天霞光的照耀下，庞大的机群好像是天上一道道利剑和闪电，渊田回头注视着一切，不禁心潮澎湃，忍不住就想大声呐喊："这是日本皇军的天下，这个太阳，这片海洋，这个黎明，一切都属于日本人！"

回望着这壮观的景象，他不由得热血激昂，一年前这还只是他的一个梦想。在他 39 年的生涯里，他一直都坚信有一天，自己会率领帝国的精英为天皇和帝国去消灭一切敌人。但这一直都只是个梦想，即便今天身在其中，他也几乎不敢相信自己的眼睛。

今天，是自己大显身手的时候了！渊田的思绪转回现实之中，今天的主人就是我，是我们日本皇军。

现在已经没有什么再令狂妄的渊田感到担心的了，他只想到临行前山本的命令："对夏威夷实施投弹攻击的时间，一定要在我国驻华盛顿的外交使节把日本对美国的最后通牒亲自递交给美国政府官员手中 30 分钟以后，也就是 8 日 3 时 30 分（东京时间），一秒也不准提前。"他忍不住又看了看表，还早，确实没有什么可担心的。

但是，渊田不知道，此时瓦胡岛上正发生着一件足以使他从天堂坠入地狱的事情。命运并没有完全放弃美国人，而命运的天平此时也向美国人倾斜过去，抓住了，也许美国人就能得到一线生机，而抓不住，等待美国人的却一定是死机。这也许是美国人最后的机会。

1941 年 12 月 7 日，星期日的早晨，夏威夷珍珠港，阳光灿烂，碧海如镜。驻扎在这里的是美国太平洋舰队，官兵们有的在吃早饭，有的已经上岸度假去了。舰艇整齐地停泊在港内，飞机也密密麻麻地排在瓦胡岛的 7 个机场上。

而在瓦胡岛北端卡胡库角附近的奥帕纳山冈上，有一个视界极为开阔的雷达站。瓦胡岛上的陆军其实有 5 个流动雷达站，但是在 7 时的时候，正是这些流动雷达站关机的时间。其中 4 个已经执行了命令，只有奥帕纳的这个雷达站没有关机，而此时，日本飞机只距离 220 公里了。奥帕纳的这个雷达站之所以没有关机是因为有一名新兵还想继续练习。

凌晨 4 时的时候，一等兵约瑟夫·洛卡德和二等兵乔治·埃利奥特正上岗值班，埃利奥特是新分过来的雷达兵，洛卡德正在教他如何操纵雷达以及如何使用示波仪，也借此来打发时间，以等待接他们去吃早饭的卡车到来。

7 时 02 分，埃利奥特在荧光屏上发现了一个巨大的尖头脉冲。洛卡德测出了它的距离为 210 公里。他急忙叫洛卡德来看，洛卡德不慌不忙地走过来，看了半天，对埃利奥特说："这一定是仪器出了故障。"

洛卡德走到仪器跟前仔细查了查，可是没有发现任何问题。

洛卡德立刻上机操作，埃利奥特好奇地看着这个异常图像，问他说："长官，这到底是什么？"

洛卡德摇了摇头表示不知道，仔细观察了半天后，他确定，这一定是一个机群在飞行，而且正朝瓦胡岛方向飞来。

7 时 5 分，他们发现这群飞机数量庞大，大约有 50 多架。埃利奥特建议把这个情况用电话通知情报中心，但洛卡德表示反对，因为此时已过了正常工作时间。但埃利奥特一再坚持，洛卡德就给沙伏特堡情报中心打电话，接线员却找不到值班的人。

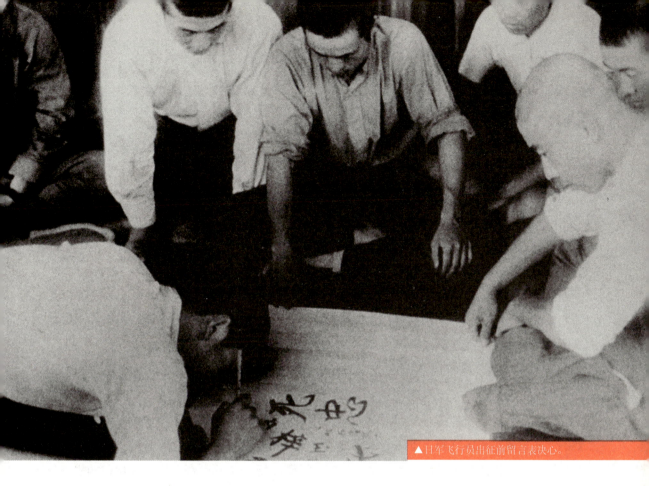

此时，示波仪上的可视信号显示机群距离瓦胡岛只有大约 30 至 40 公里。

几分钟以后，值班军官克米特·泰勒回了电话。在电话中，洛卡德向泰勒报告了他们所掌握的全部情报——可视信号的方向、距离以及规模。最后，洛卡德还不忘补充说："这是我在机器上看到的规模最大的机群。"

值班军官泰勒是名驱逐机军官，尽管洛卡德费尽口舌解释，但是泰勒还是毫不犹豫地说，这是从加利福尼亚飞来的 B-17 轰炸机群，未加重视。

泰勒之所以那么确定是因为那天清晨他去情报中心的路上，听到夏威夷电台的音乐。他记得一位轰炸机的驾驶员朋友告诉他，每当他们从美国本土飞向夏威夷时，那里的电台都会播送这段音乐，用电波来导航。

而事实上，泰勒的判断并不是毫无根据。因为在早晨的时候，他曾接到通知，说今天早晨将有一队美国空军的 B - 17 飞机从本土飞来。说来也够巧的，此时恰好有一队从加里弗尼亚州汉密尔顿基地起飞的 B - 17 来降落，而且和奥帕纳雷达屏幕上的不明机群仅差五度。

泰勒并没有意识到他犯了一个严重的错误，没有意识到他错把日本机群的雷达信号当成了美国机群的信号，更没有想到雷达屏幕上显示的是 50 架飞机，这个数量几乎占了美国 B－17 飞机总量的相当大的一部分。

泰勒轻松地对洛卡德他们说："别紧张了，没事的，那是我们自己的飞机。"说完，他放下话筒，打开收音机，欣赏起音乐来。

两位雷达兵只好像看演习一样，当做兴趣继续追踪着目标。他们眼睁睁地看着飞机逐渐临近，7 时 30 分，47 公里；7 时 39 分，22 公里。到 7 时 39 分，疾驰而来的目标突然一分为二，从雷达屏幕上消失不见了。

在陆地上发生异常情况的同时，海上又发现了新的情况。

7 时 3 分（就在洛卡德等人在雷达显示仪器上发现日军飞机后不到两分钟），美国的"华德"号又立新功。它的声呐在水底又发现了一艘不明国籍的潜艇，"华德"号发现目标后立即投掷了大量深水炸弹。

3 分钟后，在"华德"号驱逐舰投弹的区域冒出了浓黑的机油，"华德"号确定击中目标，并且确认目标确实是一艘潜艇。

确有一架美国飞机发现了日军的踪迹，但那不是军用飞机，而是罗亚尔·维托塞克和他的儿子驾驶的私人飞机。他们看到两架日本战斗机向他们飞来，立即俯冲，从日机的下方穿过，向自己的私人机场飞去，准备向当局报警。15 分钟后，维托塞克在自己的机场着落，立即向陆军和航空兵的值班军官打电话，告诉他们瓦胡岛上空出现了日本飞机。但是，谁也不相信他的话，当然更不可能发出什么戒备命令。实际上，在他们通话的时候，惠勒机场已经挨了第一批炸弹。

但是，就像那个奇异的雷达信号一样，这些情况都淹没在美国的官僚体制之中。

港湾里，美国军舰正准备举行升旗典礼。一切像平日一样，充满了轻松安详的气氛。而雷达屏上的那群飞机更近了，人们还不知道一场灾难即将从天而降。

命运之神虽然一再向美国人露出了微笑，但是美国人却像盲人骑瞎马一样，依然莽莽撞撞地在盲目地欢庆着，命运之神至此终于关上了最后一扇大门，等待美国人的只剩下无尽的地狱和永远的耻辱。

第八章

空袭开始

　　渊田美津雄中佐发出的信号弹在蓝天上拖着长长的黑尾巴，坠向碧海，攻击开始。站在福特岛指挥部窗口边的雷姆赛中校在第一颗炸弹落下时，就跑向电报室，命令发报员发报："珍珠港遭受空袭，这不是演习！"在日海军著名鱼雷机王牌飞行员村田的领导下，日军扑向美国的战列舰，转瞬之间，美军的舰艇一般接一般消失在碧海之中。很快，日军又发动了第二攻击波，对残存的军舰和机场发动了进一步攻击。

No.1 虎、虎、虎

此时，偷袭珍珠港机群的指挥官渊田已快要飞临珍珠港上空。他看了看手表，指针此时指向 7 时 35 分，他再次回头望了望，在他的身后，49 架水平轰炸机、40 架鱼雷轰炸机、51 架俯冲轰炸机和 43 架制空战斗机紧紧跟随着他。

而在万里之外的联合舰队旗舰"长门"号上，气氛也是格外地紧张。8 日零时后，幕僚们都穿戴整齐，衣冠笔挺，神色紧张地鱼贯走入作战室。作战室的四周墙壁上挂满了整个太平洋海域的大海图和东南亚海域的地图。不久，山本五十六也来了，他也穿着崭新的军服，胸前挂满了一排排的军功章，胸也高高地挺着，脸上的表情极其庄重肃穆，手还不时碰碰腰上的日本军刀，好像是准备在战势不利时随时剖腹谢罪一般。他走入作战室，坐在放有一个大地球仪和一张铺开的海图的桌前，一言不发，微闭双眼。室内顿时一片死寂，空气紧张得好像被冻住了一样。有人忍不住轻轻地咳了一下，立刻所有的目光都集中在他身上，咳嗽的人立刻羞赧地低下头，仿佛是做错了事一般。

作战室对面的房间是电信室，从这里拉出一根线连接着作战室桌上的一部无线电接收机。参谋们在作战室里可以直接收到无线电信息。首席参谋黑岛龟人突然喊道："时间要到了。"作战室中的人目光都刷地一下集中在舱壁上挂着的海军专用表上。

此时，通信兵送来一份电报：

陆军已经成功地在马来西亚和菲律宾登陆，驻守菲律宾的美国名将麦克阿瑟被打得措手不及，已无还手之力。

室内顿时一片欢腾，人们纷纷击掌相庆，只有山本面色木然，不露一丝神情。受到山本的影响，兴奋的将领们很快变得鸦雀无声，室内再次陷入死寂。

就在渊田飞临珍珠港的 5 分钟前，即 7 时 30 分（华盛顿时间下午 1 时），在华盛顿的日本大使馆中，野村大使正在接收一份由东京发来的共 14 部分的电文，并奉命务必将这份电文在华盛顿时间 13 时（檀香山时间 7 时半，预计袭击时间之前的半小时）前交给美国政府。在一大堆外交辞令后，电文的最后一部分说明"日本政府对不能通过进一步谈判达成协议而表示遗憾"。美日间最后的一点儿联系也中断了。这是日本外交部规定的递交最后通牒的时间，由于领事馆解雇了美籍工作人员，日方人员的英文打字速度太慢，文件无法及时打印好，故无法按时递交。野村大使的助手打电话给美国国务院，将原定的约见时间推迟至 1 时 30 分。

▲日军飞行员走向航母甲板上的舰载鱼雷轰炸机。

　　此时，渊田向机翼下看了看，天低云沉，能见度很不理想，用肉眼怎么也看不见海面。不知道此刻珍珠港的天气怎么样，渊田心里很紧张，关键的时候，天气可别出问题啊！

　　这时，一件天大的巧事出现了。渊田无意间拧开了收音机的旋钮，他忽然听到在檀香山电台播放的轻音乐背后夹杂着天气预报的声音。

　　"啊！"

　　渊田简直惊呆了，他赶紧又仔细调了调频道，听起来好像是檀香山地区的航空气象预报。他马上拿起铅笔，全神贯注地听着。播音员缓慢地播送了两遍。渊田迅速作了记录：

　　"今天天空少云。山上多云。云底高 1,050 米。能见度良好。北风，风速 10 节。"

　　"太好了！"渊田高兴地笑起来。这事太巧了，即使事先安排，也不可能在这么好的时候得到这么好的情报啊！现在渊田知道了目的地的天气情况，他放心了。

　　"报告，前面发现海岸！"

　　"报告，我看到了珍珠港！"

　　穿过云层，渊田也看到了瓦胡岛的海岸线和珍珠港中停泊的军舰和瓦胡岛机场上的飞机。 港中仍洋溢着周日早晨的平静。辽阔的海港上空，云层稀疏，空中几架民航机在懒洋洋地盘旋着。舰队群在斜射的阳光下显得宁静而安详，此时停泊在港内的美军军舰有战列舰 8 艘，巡洋舰 8 艘，驱逐舰 29 艘，潜艇 5 艘，其他舰艇 35 艘。在岛上的 6 处机场停有海军飞机 145 架，陆军飞机 262 架，共 407 架。

　　12 月 7 日（星期天）早晨的珍珠港几乎处于不设防的状态。由于飞行员们抱怨每星期 7 天都要出航，金梅尔上将就同意星期天不进行 483 公里的空中巡逻。停泊在港口内的各艘战舰上的 780 门大炮有 3/4 无人操作，陆军的 31 个高射炮连中只有 4 个连进入了阵地，进入阵地的士兵还懒洋洋地打着哈欠，而且阵地还没有弹药，因为每次训练之后都将剩余的弹药送回库房，理由是所谓的"容易衰变或生锈"。大多数弹药的储存点都远离阵地，而且还上了重锁。更糟糕的是，连管钥匙的人都不知去向，大概都忙着在悠闲的周日找乐子去了。

　　在瓦胡岛和位于港湾中央的福特岛上，6 个陆海军机场上的美军战机都整齐地排成一字横线。就在几天前，为了防止间谍和美裔日本人的破坏，肖特将军下令把所有的飞机集中放置，以便于管理和监控。但是这么多飞机密集地停在一起，却犯了兵家大忌，一旦敌人来袭，根木来不及疏散，更不要说展开反击了。

　　《珍珠港》一书的作者布雷克·克拉克，在书中这样描述了 1941 年 12 月 7 日星期日（美国时间）夏威夷的早晨："那一个命运中的星期天，显得比平常更宁静，广阔无边的波涛，

有节奏地冲打在瓦胡岛的海岸上，威基海岸的浪花平静得引不起早起散步者的注意。天上没有一片浮云，市区后面的坦特拉斯山顶也显得分外寂静。"

　　华盛顿方面已经警告过所有美国军事单位，日美战争无可避免，只是个时间问题。但是，驻在夏威夷的一般美国官兵，丝毫未感到战争迫在眉睫。在度过了一个欢乐的周末之后，在港的美国舰队的大部分官兵还未起床。平时难得聚在一起的战舰，现在正整整齐齐地排列在港内。除 9 艘战列舰外，还有巡洋舰、驱逐舰、水上飞机母舰等大小舰只共 96 艘。这种壮观的阵容，带给官兵无限的安全感，使他们疏于防范。

　　日机编队已飞行 1 小时 30 分，马上就要到达瓦胡岛上空了。渊田海军中佐瞪大眼睛，目不转睛地观察着瓦胡岛的上空，生怕漏掉一点黑影。

　　"注意观察！瓦胡岛上空可能出现敌机。"渊田命令道。

　　但哪里有美军飞机的影子啊，瓦胡岛上空能见到的只是云层。可是快到下达展开命令的时间了。突然，瓦胡岛的海岸线出现在日

军空袭编队的面前。渊田立即指挥机群右转，沿着海岸线转向岛西侧，避开岛东侧的山峦和云层，以便发动攻击。

"报告队长，看到了珍珠港！"

指挥官机是一架三座飞机，坐在前面驾驶座上的技术熟练、行动果敢的松平三男海军大尉激动地喊道。他看见港内一排排战舰静静地停泊在海湾，安睡般地横在水面上。

渊田立刻顺着松平指的地方看去。

"看到了！就在这里！"

福特岛的内外两侧都是战列舰的笼式桅杆！

渊田拿起望远镜仔细地观察停在港湾的船只，冷静地数了数战舰："内华达、亚里桑那、加里弗尼亚、马里兰、西弗吉尼亚、田纳西、俄克拉荷马……"正好8艘，全是战列舰。只见8艘战列舰覆盖着天篷，威风凛凛地并排停靠在位于珍珠港中部的福特岛东侧。渊田感到有点遗憾，直到最后一刻，他都打心眼儿里希望早上军令部转来的吉川的情报是错误的，金梅尔的航空母舰可能会在珍珠港内，哪怕一艘也好。可是，眼下这些航空母舰都消失得

▲日军飞机向珍珠港扑来。

无影无踪，这不能不说是一个巨大的遗憾。

压抑住内心的些许失望，渊田忍不住仔细地打量起珍珠港来。这个美丽的港湾——传说中鲨鱼神卡亚胡巴贺的神宫——摊开在下方，犹如一个巨大的沙盘模型地图，看上去和他原来想象得完全一样。港内大小96艘美国军舰还是一动不动静静地"睡"在那里，空中也没有1架美机。

7时40分，日军飞机展开成攻击队形。由于各攻击队的攻击方法不同，所以在抵近目标空域、开始攻击之前，各队必须根据自己的攻击方法，事先占据有利阵位，由航空队形展开为攻击队形。譬如，鱼雷攻击队，为了便于发射鱼雷，就需要降低飞行高度；俯冲轰炸机队则必须把飞行高度提高到4,000米，才便于俯冲。另外，为了提高命中精度和攻击效果，有的攻击队还要考虑风向：对俯冲轰炸机来说，最好是顺风，因此要转到上风方向；而对水平轰炸机来说，最好是逆风，因此要转到下风方向。所以，当总指挥官下达展开命令后，各攻击队应尽快展开成各自的预定攻击队形。待下达攻击令后，即按预先规定的攻击顺序和攻击目标实施攻击。

为取得最大的战果，日军制订了两套攻击方案：一是奇袭方案，在美军没有戒备时采用，先由鱼雷机攻击，再由轰炸机攻击。二是强攻方案，在美军已有准备时采用，先由轰炸机攻击，压制和吸引防空火力，再由鱼雷机攻击。战斗机则不论哪种方案都要抢占有利高度，以夺取制空权。采取何种方案由空中指挥官临机决定。规定一发信号弹是奇袭，两发信号弹是强攻。

7时49分，渊田见美军毫无防备，立即决定采取奇袭方案。他转头对后面的电信员水木德信兵曹喊道："水木，现在发出攻击令！"电键立刻敲打出连续的"突！突！突！"的攻击信号。这是日语"突击"一词的第一个假名。渊田随即举起信号枪，向机外打了一发蓝色信号弹，一条火龙拖着硝烟，划破了寂静的长空，坠向碧海，这是命令部队展开的信号。

此时，是夏威夷时间7日早晨7时49分，华盛顿时间7日下午1时19分。

攻击开始了。在看到一发信号弹后，村田的鱼雷机开始向下滑翔。与此同时，板谷的战斗机加速向前控制领空。这样，速度较慢的鱼雷轰炸机可以在没有任何障碍的情况下径直飞向目标，俯冲轰炸机和高空轰炸机紧随其后。若日本人面前的敌人有所戒备，村田的鱼雷机编队将等到俯冲和高空轰炸机把美国炮火引向战舰上空时，再由战斗机掩护投掷鱼雷。

但是在渊田打出一发信号弹后，由于板谷所领导的制空战斗机队被云层遮掩，没有看到信号，所以没有展开攻势。渊田无奈就再向战斗机打了一发信号弹，这次战斗机看到了，立即爬高抢占有利高度。但这时俯冲轰炸机队的高桥少佐误以为是两发信号弹，采用强攻方案，便立即带领俯冲轰炸机朝福特岛和希卡姆机场猛扑过去。鱼雷轰炸机队的村田目睹了发生的一切，他虽然知道高桥的判断失误，但是别无选择，为了摆脱高桥可能给他带来的干扰和妨碍，他只有率领其鱼雷机队以最快的速度冲向目标。然而，高桥还是赶在了前边。这样，这场袭击就是以炸弹攻击而不是预定的鱼雷攻击开始。

渊田看到他和源田和村田煞费苦心制订的精确战斗计划，由于自己人的失误而落空，气得咬牙切齿。然而，此时进攻的先后顺序已无关大局，成功已经完全在望。他压抑住气愤，指挥各飞机队展开全面进攻。

"开始攻击！"渊田大声喊道。接着，猛地一推操纵杆，飞机俯冲下去。

日本机群呼啸而下，机关炮喷吐着火焰，炸弹飞蝗般落下去。

"轰隆隆隆……"

随着一阵阵巨大的爆炸声，岛上的机场升起滚滚烟火，港湾的军舰四周水柱冲天而起。美军官兵惊呆了！

第一攻击波展开队形时，渊田的无线电发报机仍在咔嗒咔嗒作响。渊田在巴伯兹角上空盘旋一圈，接着又转头观察珍珠港上空和地面情况。此时，形势已经一片明朗，没有什么能阻止日本人的狂轰滥炸，大喜过望的渊田急不可耐地对传令兵说：

"快用甲级电波向舰队发报，告诉他们，我们奇袭成功！"

传令兵的手指灵敏快速地按动了发报机的电键："托拉！托拉！托拉！"其意为"虎！虎！虎！"也就是说："我偷袭成功！"电波从万里之遥飞回日本，一直到达日本联合舰队旗舰"长门"号的作战室里。很快，舰上的文书兴高采烈地将电报递给山本，作战室顿时一片欢腾。而此时，山本却模仿指挥淝水大战的谢安，无动于衷地继续和参谋长下着棋，只是他略微颤抖的手还是泄漏出了他内心的兴奋和狂喜。作战室中的人开始拿来酒和鱿鱼干，频频举杯祝酒。此时，东京时间是8日3时19分，夏威夷时间是7日7时53分。

No.2 第一波攻击

"珍珠港仍然沉睡在晨雾里"，一名日本飞行员后来回忆说，"港内平静宁谧，瓦胡岛甚至没有一缕从舰船上升起的炊烟。一座座兵营井然有序，宛如白练晃动的小汽车队在爬向山顶，各个方向都有极好的攻击目标。"他停了停，笑着说："就像一块大蛋糕摆在我们面前一样。"

在珍珠港，7时55分正是吃早饭的时间。值勤舰"内华达"号战列舰上的水兵们像平

常一样排起整齐的队伍，准备8时准时升旗，军乐队也准备奏国歌。欢度周末的美国海军官兵们正睡在船舱的吊床上做着好梦，檀香山广播电台在播放着轻音乐，教堂里的钟声柔和地在水面上缭绕荡漾。突然，他们发现从东南方上空闪现出一批俯冲轰炸机，简直是从天而降，风驰电掣般紧贴海面飞行，来了个急转弯，一下子冲向机场上空。这些水兵还以为是从岸基飞来的美国机群在进行实战演习，他们在心里暗暗赞叹飞行员高超的飞行技术，有人甚至还向飞机招手大喊"早安"。

没想到，几秒钟内，冰雹似的炸弹即倾泻而下。当第一枚炸弹落在福特岛的时候，海军少将、布雷舰队司令威廉·弗龙还愤怒地对勤务兵说："这是哪个飞行队的飞行员，这么粗心，这么愚蠢，连自己的投弹器也照看不好，真的应该好好收拾他一下。"但是，当他看到疾飞而过投弹攻击的飞机机身上漆的竟然是红色太阳旗，立刻大喊："日本飞机！各就各位！"并下令港内所有舰船立即出港。

夏威夷航空兵参谋长詹姆士·莫利森当时正在刮胡子，第一批炸弹落了下来，他赶紧给陆军司令肖特中将的参谋长沃尔·菲利普挂电话，告诉他日本人来偷袭了。可是对方竟然说："吉米，你是不是昏头了？还是喝多了？快醒醒！"莫利森把电话听筒举得高高的，让对方听听那隆隆的爆炸声。这下子，菲利普清醒了。正在这时，莫利森头顶上的天花板掉了下来。

油轮"拉马波"号的水手长格拉夫较早地发现了日本飞机，他跌跌撞撞地奔进船员室，边跑边喊："日本佬轰炸珍珠港了！"伙伴们望着他，以为他在开玩笑。他连忙说："不骗你们。"可是他们还是又嘘又笑："别蠢了，抬起屁股上甲板去瞧瞧。"正在这时，又一声沉闷的爆炸声响起来了。仅仅几分钟时间，夏威夷的所有机场全部瘫痪，海军没有一架战斗机能够起飞，陆军航空队的情况稍微好一点，也仅剩30余架飞机能够起飞。

当日本机群飞临珍珠港上空的时候，美海军中校罗根·雷姆赛当时正站在福特岛指挥

◀ 日军飞机对珍珠港狂轰滥炸。（左图）

◀ 日军轰炸机上的炸弹正投向美军目标。

▶ 日军轰炸机正向下俯冲投弹。

部的窗口边观看护旗队升挂国旗，还合着军乐队的鼓点用食指轻轻敲打着窗沿。7 时 55 分时，他听到有飞机在福特岛基地上空俯冲又急速拉起的声音，还愤怒地转过身对勤务兵说："迪克，出去看看是哪个胆大妄为的家伙，把他的机号抄下来，报告给我，他违反了 18 条飞行安全条例，我得好好收拾他一下。"

迪克费力地从窗口探出身子，努力想看清这架飞机的机号。

"记下来了吗？是哪个中队的？"雷姆赛问。

"还没有，机号看不清。是不是哪个中队指挥官的座机呀？我看到飞机上好像有一道红线什么的。"迪克回答说。

"那赶快查一下，是哪个该死的中队指挥官的座机。"雷姆赛命令说。

正说着，迪克突然说："长官，我看到它又俯冲下来了，哎呀，它还投下一个黑色的东西，那是什么？"

话音未落，一声巨响从飞机库方向传来。迪克目瞪口呆地说："炸弹，是炸弹，长官。"

迪克还没来得及回过神的时候，雷姆赛已经跑向门口，大喊说："迪克，不是我们的中队指挥官，是该死的日本人，赶快报告。"

话音未落，他已经冲出了房间，奔向电报室。迪克也战战兢兢地跟在后面。

雷姆赛冲进电报室，对所有茫然瞪着他的报务员说："珍珠港遭受空袭，这不是演习！我再重复一遍，这不是演习！"停了片刻，看到报务员目瞪口呆地看着他，他怒吼道："赶快发报。"

报务员立即用普通口语广播："珍珠港空袭，不是演习！再重复一遍，这不是演习！"

这条著名的无线电消息在 7 时 58 分传向司令部，通过金梅尔上将司令部的转播，大半个世界都以震惊的心情收到了这条消息。

不过，此时已为时过晚，日军的炸弹已如狂风暴雨般倾泻在毫无防备的珍珠港。

在日本的俯冲轰炸机呼啸着冲向军舰投弹的时候，雷姆赛不等司令部收到电报，立刻给自己的上司贝林格打电话："日本人空袭了！"

贝林格狐疑地问："开什么玩笑，罗根，今天又不是愚人节。"

雷姆赛大喊说："真的，长官，我说的都是真的，不信你自己听听。"说完他把话筒伸出电报室窗外。窗外的轰隆声正此起彼伏，到处是飞机的轰炸声和日本战斗机尖锐刺耳的呼啸声。

"听到了吧，长官，这不是开玩笑。小日本动真格的了。"雷姆赛喊道。

通过话筒，贝林格清楚地听到这些像是来自地狱的声音。他来不及给雷姆赛回话，立刻扔下话筒，朝他的作战计划参谋科比喊道："科比，快，跟我到司令部去。该死的日本人来了。"

科比目瞪口呆地看着贝林格，一边哆哆嗦嗦地爬起来，穿上衣服。

贝林格自己开着汽车从停车场冲了出去，天空上，黑压压的日本飞机像血蝙蝠一样飞来飞去，恣意地玩弄着地面的生灵。地面上，美军的飞机被炸成了一堆堆的废铜烂铁，焦黑一片、七零八落地散满了机场的地面，燃烧的大火隔着很远就燎烤着人们的脸，停机坪上已几乎找不到一架完好的飞机。

分布在珍珠港四周的希卡姆机场、惠勒机场、伊瓦机场和卡内奥赫机场是日机的第 1 批攻击目标。陆军和海军的大批飞机正一架挨着一架，整整齐齐地排列在停机坪上，宛如参加一次大检阅似的。为了准确地进行攻击，有的轰炸机俯冲到离地面只有几百米时才开始投弹。只见机场上空如晴天霹雳，炸弹如雨，自天而降。一架接一架的重型轰炸机，被炸得四分五裂，只有少数几架美机侥幸起飞，但马上就被高度灵活的零式战斗机打落。地勤人员和飞行员从被打得破烂不堪的飞机上抓起机枪进行抵抗，但根本无济于事。仅仅几分钟，美军机场即被摧毁，几百架美机也成了一堆堆冒烟的残骸。此时，机场上空黑烟滚滚、硝烟弥漫，巨大的烟柱直冲向天空，跑道上更是弹坑累累。

炸弹的爆炸声把星期天早晨的和平气息一下子撕得粉碎。这时，村田率领的鱼雷机队，已经迂回到珍珠港的湾口，正从希卡姆机场那边穿过海军造船厂，进入攻击航向。村田清楚地知道，是奇袭，应首先由他的鱼雷机开始攻击。所以，希卡姆机场上空突然升起的硝烟，使他很是吃惊，一旦硝烟把海面上的战列舰给遮住，他的鱼雷机就无法下手了。于是，村田赶紧率队抄近路，在高桥攻击之后仅 1 分钟，就对珍珠港内的战列舰实施了鱼雷攻击。

刹那间，港内的军舰就笼罩在一片浓烟火海之中。爆炸声一声接一声，熊熊大火骤然间映红了整个珍珠港。港内升起了一道道的冲天水柱，战列舰燃起熊熊大火，到处是震耳欲聋的爆炸声。一时间，珍珠港浓烟滚滚，烈火熊熊，舰毁人亡，惨不忍睹。爆炸声、警报声和官兵们惊惶失措的呼救声搅成一团。

97式鱼雷机群分两批从几个方向突入，首先用16架鱼雷机对停泊的战列舰实施鱼雷攻击，其次是用24架鱼雷机从东南方向进入，超低空接近"战列舰大道"。一等飞行兵曹森拾三驾驶鱼雷机几乎是紧贴着海面向战列舰扑去。事后，他回忆说："我看见1艘战列舰隐隐约约地出现在我的飞机正前方，就像一座巍峨的山峰耸立在飞机面前……准备投雷……预备……放！"曹森用力拉动投雷拉杆，他感到投雷的一刹那飞机如释重负，向前一跃。

97式鱼雷机纷纷在只有12米的高度，发射装有稳定翼的特制浅水"改2"鱼雷，鱼雷迅速向没有布设防雷网的战列舰飞去。只见海面上蓝白色的雷迹纵横交叉，战列舰在刹那间即发出轰天巨响，水柱四起，火光冲天。

停泊在外侧的"俄克拉荷马"号首先遭到攻击。后腾驾机逼近目标，突然，"俄克拉荷马"巨大的身影赫然耸立在他的正前方。后腾后来回忆说："当我投下鱼雷的时候，我的飞机距离水面只有20米左右。鱼雷发射后，我的飞机开始爬高。此时我才发现我甚至比这艘战舰的桅杆守望台还低。观察员报告说，在该舰位置升起一股巨大水柱。"

在受到攻击20分钟后，"俄克拉荷马"号已经快完全倾覆，12枚鱼雷把它炸得变了形，歪着身子插入海底。一位舰上的水兵多年后痛苦地描绘说，它看上去"好像很疲劳，想休息一下"。船底部从油污弥漫的水中翘起，船体不断翻滚，直到上体接触到7.62米深的海底，然后就不再动弹了。

金梅尔的夫人在自己家的门后惊恐地目睹了一切，她后来在回忆这幕可怕的情景时还心有余悸，仿佛自己在和船一同翻滚沉陷一般，她说："当时，'俄克拉荷马'开始慢慢地令人头晕地向一侧翻去。最后只有船底露出水面。太可怕了，这么大的军舰竟然在我眼前沉没了！真是不可思议。起初，我没有意识到士兵们正在死亡。天哪，太可怕了。我当时觉得整个世界都在我面前翻了个底朝天。一切都变了。"

一些水兵仍然在"俄克拉荷马"号船体上不断挣扎，一些水兵则慌不择路地跳下满是油污和鲜血的海面。鱼雷轰炸机和俯冲轰炸机尖叫着向他们冲下来，再拉上去，轮番攻击。零式战斗机肆无忌惮地向他们疯狂扫射，轰炸机在他们头顶上轰鸣，一批批炸弹呼啸而下，准确命中目标。

此时，旁边的"马里兰"号也同样遭受重创，所幸的是，该舰受创虽重，但一时并不会沉没。趴在"俄克拉荷马"舰壳上的船员在"马里兰"号战友的帮助下艰难地爬上"马里兰"号的残体上，但是，更多的人却随着"俄克拉荷马"号沉入海底。

在"俄克拉荷马"号沉入海底的第二天，救援人员费尽千辛万苦用焊枪在"俄克拉荷马"号上打开了几个救生口，救出了33名人员。以为必死却又重获新生的舰员浮出水面后的第一件事就是相互搂抱着失声痛哭，发誓一定要雪耻。但是还有更多人没有得救，这些远离救生口的船员不论怎么大喊大叫，但是他们的声音还是传不远，外面的救生人员就这么错过了他们。当他们明白获救的希望已非常渺茫的时候，他们停止了呼喊和哭泣，在舰板上写下自己的名字和遗书，然后在极度痛苦中慢慢死去，许多人的牙根都迸裂了，血染满了嘴角。后来，当人们打捞起这艘命运悲惨的战舰时，才知道剩下的船员竟然坚持了17天。当这些死相极为凄惨的船员被一一抬上岸边的时候，在场的所有人无不失声痛哭。

"西弗吉尼亚"号也遭受到鱼雷机队的攻击，它先后被6枚鱼雷击中，左舷被炸开一道长37米、宽4.5米的裂口，几乎全被揭掉，暴露的"内脏"翻滚着长长的火舌，不一会儿便翻倒在水中，激起了一阵冲天巨浪。

突然，一阵雷鸣般的爆炸声传来，"亚利桑那"号战列舰遭到了水平轰炸机的猛烈轰炸，几枚鱼雷几乎同时击中了它，一枚穿甲弹又落在第二炮塔旁边，穿透了它的钢甲板，引起舰首弹药舱爆炸。随着一声惊天动地的巨响，舰身巨大的碎片和上百吨重的炮塔被抛至空中，巨大的"亚利桑那"号也像突然失重了一样跃出海面，又砸了回来。后来，目睹了这次大爆炸的幸存者在形容这次大爆炸时心有余悸地说："这是几百年前在瓦胡岛上的两座火山爆发以来，从来也没有发生过的巨响。"巨响刺穿了许多附近舰只上船员的耳膜。黑红色的烟云飞腾而起，火柱高达1,000多米，桅杆被炸飞了出去，熊熊的大火吞噬着这艘巨大的战舰。紧接着，仿佛还嫌它受的苦不够似的，又有三枚炸弹击中了燃烧着的战舰，它爆发出最后的轰隆声，像濒死的羊羔一样哀鸣着向水下冲去。几分钟后，断裂的舰身就和1,100多名舰员一起沉没在这嘶嘶作响的人间地狱之中。

"加利福尼亚"号有两处中雷，舰上的油库也中弹了。为了防止弹药库爆炸，舰长下令向弹药库中注水，但是这一举动却加剧了这艘战舰的倾斜和下沉。舰长无奈之下只好命令全体船员弃船逃生，但是此时，由于该舰的油库被炸，大量的重油厚厚地堆集在"加里弗尼亚"号舰体四周，油层竟然厚达30厘米，而且油层此时已被引燃，巨大的火苗和浓烟冲上了天空，油库燃烧造成了可怕的烈焰，这艘巨型战舰，也就在冲天的火舌中慢慢地倾斜沉没了。而惊惶失措的船员纷纷跳下舰板，跳入火海之中，但是没有一个人能从厚厚的油层下游走，在火海中挣扎的舰员大部分也都被烧死。

在珍珠港以北的斯科菲尔德兵营中，当爆炸声从远处传来的时候，大部分士兵还兴高采烈地坐在餐桌前，品尝着星期日的美味薄饼和多配给的半品脱牛奶。

"他们在搞爆破呀？"三等兵乔治嘴里塞满了蛋糕，嘟囔着问道。

"鬼知道，也许在搞庆祝吧。"坐在他旁边的班长威廉姆一边喝着牛奶一边回答，"他们搞庆祝就给咱们喝牛奶？"他不满地放下杯子。

突然，一架飞机呼啸着掠过食堂上空，枪口喷着火舌，把玻璃打得四处横飞。士兵们赶忙跑出去看，还不满地喊："空军在搞什么？这也是庆祝吗？"

突然，有人大喊："我的天哪！是日本人，是日本的飞机。"

许多人看到又一架机翼上画着红太阳的飞机沿着大路飞了过来，用机枪开道，在追逐一部疾驰的军车，在车顶和两旁的柏油马路上留下巨大的弹痕。军车突然歪向一边，冲向路边的军营，一头撞了上去，发出轰的一声巨响，就再也不动了。

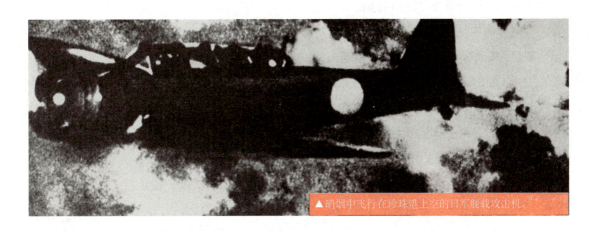

▲硝烟中飞行在珍珠港上空的日军舰载攻击机。

"赶快去救人。"有人喊道。

一些士兵一边躲避着子弹一边冲向高射炮台，另一些士兵冲向那辆军车。

在希卡姆机场，同样正在吃早饭的官兵们可没这么幸运，他们还没来得及跑出餐厅看个究竟，就被呼啸而来的俯冲轰炸机炸倒在餐厅里。首批俯冲轰炸机投下的炸弹击中了餐厅，炸得餐厅的尖顶和刀叉、炊具四处横飞，餐厅的顶梁也轰然而坠，许多人被埋在废墟之中。

板谷茂少佐及其战机队与"加贺"号的战机队在空袭了伊瓦基地之后，又转向了希卡姆基地，接替俯冲轰炸机继续施虐。他们除了扫射棚厂、营房之外，还追逐正在希卡姆基地道路上逃窜的军人。珍珠港生还者常说："我们连裤子都来不及穿就已经被撂倒了。"

此时，渊田带领他的高空水平轰炸机队也正对战列舰进行毁灭性的高空轰炸。在冲向战舰时，他突然感到机身一震，"就像被人用大棒重重地砸了一下一样"，他急忙回身问身后的水木怎么回事。

水木兵曹检查了一下报告说："长官，机身左侧被弹片击穿，方向舵被打坏一半。"

渊田恼怒地骂道："真该死。还可以正常飞行吗？"

水木说："可以，长官。"

渊田冒着飞机坠落的危险，继续指挥机群把停在港中内侧、鱼雷机队无法攻击的战列舰"马里兰"号作为目标。

他率先冲向"马里兰"号，在下达投弹命令的同时，先行投下了4枚炸弹。渊田回忆说："4颗炸弹就像长着眼睛一样，一颗挨一颗地，一个劲往下落……不久，炸弹变得比豆粒还小，终于看不见了。再看那'马里兰'号的甲板，只有洗衣盆那么大，紧接着像草垫上掸起的灰尘一样，甲板上升起了两股白烟。"

"两弹命中！"渊田兴奋地大喊道。

随后，其他水平轰炸机冒着高射炮火，也冲向"马里兰"号，像洒豆子一样把炸弹抛向"马里兰"号。顷刻之间，"马里兰"号浓烟四起，火光冲天，高射炮火也像被剪断了一样，突然停了下来。两颗装有延期引信的穿甲炸弹穿透了"马里兰"号的舰板，在舰内爆炸，爆炸在军舰舷外的海面上掀起了巨大的层层波纹。爆炸使该艇受到了相当大的破坏，舰体倾斜1.5米，舰面燃起熊熊烈火，浓烟滚滚。

"田纳西"号相对幸运一些，由于它靠近福特岛一侧，仅被一枚鱼雷击中。但这枚鱼雷依然对它造成重创，并引发舰上燃烧起大火，只是所幸没有沉没。

金梅尔的旗舰"宾夕法尼亚"号是所有战列舰中运气最好的一艘，由于它临时停泊在海军造船厂船坞中修理，虽然不可避免地吃了几枚炸弹，但是最终还是侥幸逃脱了被击沉的命运。

当金梅尔上将赶到太平洋舰队司令部的时候，眼前的场景让他当场僵在那里，一动不动。他的精锐力量——8艘战列舰，有7艘已经被击沉或遭受重创，而此时自己人只不过才打下日本人不到10架飞机而已。

军舰的惨相让他悲愤，但更让他牵肠挂肚心痛不已的还是舰上的将士。对他来说，这些人不是一组抽象的数字，这些人更像是他自己的孩子，他认识他们中的许多人，也许有上千人之多，他能准确地叫出其中大部分士兵的名字。所有这些人，从舰长到普通的水兵，都是他的部下，他的孩子，他应该对他们负责。

平心而论，他并不是庸才，虽然他的领袖魅力和创造性想象力不如山本五十六大将，但这并没有妨碍他成为一名出色的将领，而且，在个性上，他和山本也颇有相似之处。在他的军旅生涯中，他始终表现出过人的才智、坦率、勤奋和严谨，他的长官都看好他的前程。1925 年，他就被选入海军参谋大学，毕业后不久就晋升为上校，并被派至华盛顿本部的政策和联络组工作。三年后，他回到海上，指挥第 12 驱逐舰中队，接着又在华盛顿担任船舰行动指挥官两年，被同僚戏称为"humdinger"（意为出类拔萃者），不久，即在人才济济竞争激烈的海军中晋升为少将。晋升为少将 8 个月后，即 1938 年 7 月，金梅儿重返海上执掌第 7 巡洋舰队，一年后，就被擢升为巡洋舰队司令官。他的服役成绩单不可谓不辉煌，他的才干也不可不谓惊人；而且，他一向有自知之明，并真诚地对待每一位属下，他的参谋团成员都狂热地效忠他们的老板。甚至在"珍珠港"事件爆发后，全舰队的官兵都说只有在金梅尔的领导下，他们才会打仗。

此时，金梅尔心情异常沉痛，他步履艰难地走到窗前，突然一颗跳弹穿透玻璃打在这位太平洋舰队司令的胸部。参谋人员都大惊失色，想冲过去拉他，但那颗 5 毫米直径的机枪子弹穿过墙壁和玻璃后已经没有什么杀伤力，只是在他雪白的军服上留下一个乌黑的弹痕，就落到了地上。金梅尔木然地挥了挥手，阻止住参谋人员的行动，连胸口的弹痕也没拍一下，仿佛这样能让他感觉好受一些似的。此次他失职事小，但是这么多人的性命却再无法挽回，这个打击和代价让他恨不得这颗子弹干脆就穿透他的胸膛好了。他喃喃地说："要是这颗子弹杀了我，那真是太仁慈了。"

他悲痛地摇了摇头，压抑住内心的痛苦和悔恨，镇静地转过身，命令立刻向海军部和总统办公室汇报受攻击的情况。

当珍珠港遭到空袭时，海军部长诺克斯正在宪法大街海军部的办公室里。已经是中午了，诺克斯感到饥肠辘辘。正在此时，海军作战部长斯塔克冲了进来，手里拿着金梅尔的"并非演习"的电报。

"上帝啊，这不可能！"诺克斯惊叫一声，"一定说的是菲律宾！"

斯塔克肯定地说："这是真的，电报是金梅尔发来的，说的也是珍珠港。"

诺克斯拨通了白宫的直通电话，总统与他的助手霍普金斯正在吃饭，诺克斯通过话筒读完了整个电报。

"一定是什么地方弄错了。"霍普金斯说，"总统，我认为日本人是不会进攻珍珠港的，他们正在和我们谈判，他们怎么会突然来这么一手呢？"

罗斯福不动声色地说："这份电报可能不会错，日本人擅长干这种出人意料的事情，俄国人和中国人就吃过这种亏，这种行事方式正是他们的特色。"

他思索片刻，又冷冷地说："如果这个报告属实，那么，事情就完全非我们能控制了！"说完这句话，他心里顿时轻松了很多。

　　而此时，停泊在柱岛的联合舰队"长门"号的通信室格外繁忙。除了不断收到各梯次攻击机的无线电电报外，还从作战室的无线电接收机中接收到美国发出的大量明码电报：

　　"SOS，这里遭到日本轰炸机的攻击……"
　　"SOS，瓦胡岛遭到日本从航空母舰上起飞的俯冲轰炸机的攻击……"
　　"SOS，珍珠港遭受空袭，这不是演习。"

　　山本接过一份份电报，脸上终于露出了满意的笑容，他命令传令兵立刻将战报发往皇宫。在皇宫内，脸色阴郁的裕仁一接到报捷电报，紧锁的眉头一下子展开，脸上尽是欣喜之意。

No.3 战火中的英雄

　　美国军队也不是完全没有展开任何还击，虽然被日本战机打了个措手不及，但是许多美军官兵依然顽强地组织了一定的还击。在誓死捍卫基地的过程中，也涌现了许多可歌可泣的英雄事迹，只是有许多这样的英雄事迹并没有登录在官方记录中，更有许多令人感慨不已的事迹，已没有幸存者能活下来向人们讲述他们的故事了。

　　停泊在舰队最后面的"内华达"号尽管被一枚鱼雷击中舰首左舷，并被炸开了一个大洞，但该舰上的官兵一边积极抢救船只，一边积极组织还击，并击落了两架日本鱼雷机。而且，由于实施了防倾覆注水，该舰没有沉没，并能继续向日本人开火。

　　在"西弗吉尼亚"号遭受重创时，其舰长班宁上校受了重伤，22岁的黑人炊事二等兵、也是"西弗吉尼亚"号的重量级拳击冠军桃乐斯·米勒赶来协助班宁。在二战以前，黑人长期以来一直备受歧视，他们在就业等问题上都遭受重重压力和阻力，甚至于献身国防也只能担任低级工作，比如充当炊事员或铲煤工，在晋升和受奖上都有重重的限制，以至于二战之前，还从来没有一个黑人获得过海军的重要奖章。米勒和其他黑人士兵一样，也备受歧视，他也曾为黑人的尊严和白人士兵拳脚相向，但这并不妨碍他在关键时候英勇地救助白人战友。在敌机来袭的时候，他主动请缨去危险的炮台上还击敌机。后来由于鱼雷爆炸，米勒无法继续在防空岗位上值勤而转去担任伤患救援工作，稍后受命营救舰长。然而，班宁终因伤势过重身亡，米勒又赶忙提起一挺机枪继续在舰桥上英勇奋战，他不顾轰炸机的狂轰滥炸和"零"式战斗机的肆意扫射，一直在甲板上奋战。他的英勇感召了许多忙于逃生的官兵，他们都和他一道用手中的武器和船上剩下的炮塔继续还击日本战机。后来，米勒成为第一位被授予海军十字勋章的黑人，他的英勇行为冲破了许多白人官兵和国民对黑人的歧视和蔑视，也带动了许多冷眼旁观的黑人投入到抗敌卫国的伟大事业中来。1942年，新任太平洋舰队司令尼米兹上将亲自在"企业"号上的授勋仪式中为他第一个戴上勋章。

在诸多英雄事迹中，数彼得·托米契的故事最可歌可泣。他是"犹他"号上的煤水长，8时05分，"犹他"号遭受两枚鱼雷攻击，在系锚处倾斜至30度。当时另一艘中雷的轻巡洋舰"瑞雷"号在其前方，由于该舰上大捆木材松脱落海，不但淤塞了水道，也阻碍了"犹他"号上的官兵弃船逃生。当"犹他"号倾斜得愈发厉害、海水大量涌入船舱的时候，

▲美军潜艇逃过一劫。

▼美军舰艇爆炸后浓烟滚滚。

许多水兵正陷于下层甲板中，托米契为了让官兵逃生，坚守自己在泵房的岗位，努力抽水，最后成功地帮助了许多人逃上甲板，而他自己却来不及逃生，与"犹他"号一起葬身于大海之中。嗣后，海军追授其荣誉勋章。

"亚利桑那"号在珍珠港遭受攻击后，最先进行了救火和救人行动。舰上的生还高级军官萨缪·弗科中校，在这一过程中发挥了无比的领导才能和顽强的斗争精神。在"亚利桑那"号遭受重创后，他先领导救火队在后甲板救火以及督导转移伤员，而且在最后"亚里桑那"号无法维持时果断命令弃舰，他最后一个离开军舰，并在离舰后继续组织官兵展开援救和反击。由于他的英勇和尽忠职守，他后来被授予荣誉奖章。

在海中，美国驱逐舰也展开了还击。早先，至少有一艘日本小型潜艇成功地潜入了珍珠港。这艘潜艇在入港之后，以顺时针的方向在福特岛西北绕行一周，被威廉·伯伏特少校的"莫那罕"号驱逐舰发现，随即展开缠斗。伯伏特少校下令追击，而日本的小型潜艇也发射了一枚鱼雷，惊险地从"莫那罕"号右舷边擦过，驱逐舰当即开火，其他几艘美国舰艇也猛攻这艘小型舰艇，到8时44分，"莫那罕"号连撞带炸地以深水炸弹击沉了潜艇。这艘日本小型潜艇上的成员酒卷和男少尉与稻桓清二等士官长在饱尝炮火攻击后，搁浅在贝洛兹机场外的海滩上，稻桓溺死，酒卷被俘，成为第一名在二次世界大战中被美国俘虏的日本战俘。

在地面上，美军一些高射炮也展开了反击，他们急红了眼，没头没脑地向天空中所有的飞机开火。就在珍珠港遭受攻击的时候，8时10分左右，11架B－17"空中堡垒"式重型轰炸机编队从美国西海岸，在第一波汹涌的战火中飞抵瓦胡岛。从返航的航空母舰"企业"号上飞来的18架SBD"无畏"式俯冲轰炸机，也如同参加约会一样地赶来了。在他们还没有搞清楚怎么回事的时候，就遭到了日本"零"式战斗机的猛攻。一位美国飞行员大喊："不要开炮！不要开炮！这是美国飞机。"话音未落，就被击落下来。

当这些重型轰炸机各奔东西找地方降落的时候，珍珠港的许多人还惊恐地想，天哪！日本人真的要降落了！旁边一位希卡姆基地的B－17驾驶员还问他的战友，这些日本人从哪里弄来四引擎轰炸机的？因为日本当时并没有四引擎轰炸机。打红了眼的地面高射炮不管三七二十一对它们就是一阵狂轰，结果，美国"无畏"式飞机被击落7架，"空中堡垒"飞机被击落1架。

与此同时，SBD也顽强地和日机展开力量悬殊的角斗，约翰·福特少尉和通信三等兵赛尼·皮尔斯驾驶的SBD遭遇日军志贺的战斗机队，他们英勇地以几乎贴地的高度与日机缠斗，最后与日机撞成一团同归于尽。这架飞机后来坠落在伊瓦基地附近，残骸还与日机纠缠在一起。

No.4 第二波攻击

渊田领导的第一波次攻击大约进行了 45 分钟，已基本完成任务并扬长而去。日方损失飞机 9 架，其中，战斗机 3 架，俯冲轰炸机 1 架和鱼雷机 5 架。珍珠港内出现了短暂的平静。几艘周围和顶部涂有红十字标志的白色船只出现在硝烟弥漫的海面上，全速向正在燃烧的舰船驶去，冒着被炸的危险和燃烧的烈火去抢救伤员。

然而，美国人的灾难并未就此结束。就在参加第一攻击波次的飞机返航的时候，8 时 50 分（夏威夷时间），由"瑞鹤"号飞行队长岛崎重和少佐指挥的第二攻击波共 171 架飞机又气势汹汹地杀向瓦胡岛。 在目标区高空盘旋的渊田不久即听到第二波攻击机队的引擎声，并在 8 时 54 分收到了岛崎重和的"虎！虎！虎！"攻击信号。

8 时 50 分，第二攻击队在卡瓦库角上展开完毕。此时已无奇袭可言，日军早计划好将飞行速度慢且容易被击落的鱼雷机"中岛 97 式舰攻"改调为高空水平轰炸任务。岛崎直接率领 54 架高空轰炸机分成两个编队，每队 27 架，负责攻击希卡姆机场、卡内奥赫机场和福特机场；江草隆繁少佐领导的俯冲轰炸机共 81 架，他们没有特定目标，专打第一波攻击中未被摧毁的舰船。他们分成 4 个大队，绕过东面的山脉，再次对舰只进行集中轰炸。由于任务没有指定目标，一切要依靠临场判断，加上此时珍珠港浓烟蔽日，使他们攻击起来倍感困难；进藤海军大尉率领 36 架零式战斗机，分成 4 个大队，继第一攻击波后，继续保持对瓦胡岛上空的制空权。

此时，整个珍珠港的上空都被第一波攻击所造成的浓烟所覆盖，港口下面昏暗不见天日，这妨碍了美国军人的反击和救护队的救援工作，但也为日军第二波攻击制造了障碍。此时飞临珍珠港上空的岛崎颇感头痛，不知如何下手，飞高了，就不能找到攻击的目标，而且准头也会受到限制；飞太低又很危险，而且在浓烟中也很难辨清方向和目标。而与此同时，幸存下来的美军士兵在日军第一攻击波撤走的间隙已集聚起来，在各自指挥官的指挥下开动一切防空炮火，在珍珠港上空构建了一道绵密的火网。

这波日机所遭遇的是全体戒备、严阵以待的美军舰只。残存的军舰都开动高射炮，对空齐射，在空中形成了一道道柱形集束弹幕。舰上的士兵也爬到舰桥上用机枪等武器展开防御，还有一些士兵爬上指挥塔或是瞭望台用步枪扫射俯冲的日本飞机。

军舰高射炮形成的集束烟幕成了日军新的定位点，正苦于找不到、认不清美国军舰的日军 80 架俯冲轰炸机在江草少佐的带领下，大胆地沿着射来的集束弹幕俯冲而下，躲过枪林弹雨，直冲军舰而来。当俯冲到一定高度，而军舰已清晰可见时，立刻进行瞄准，对反击的美国军舰进行狂轰滥炸。

　　"赤城"号上的山田昌平大尉也专找"大个头"攻击。当他看到有一处集束烟幕最为密集时欣喜若狂，立刻率领中队全部人马杀过去。但等俯冲到一定高度时，才发现原来只是一群陆上炮台，只好大骂着拉起飞机重新爬高，寻找新的目标。

　　日军第二攻击波又使珍珠港内硝烟弥漫，一片混乱，巨大的蘑菇云不时腾空而起，到处散发着火药、血腥的气味，令人窒息。

　　在此次攻击中，美军最振奋人心的、也是最吸引人的行动是"内华达"号战列舰的英勇突围。

　　"内华达"号在第一波空袭中虽然遭受重创，但是所幸没有沉没，而且还能行动，在袭击中实际指挥"内华达"号的弗朗西斯·汤姆斯少校了解自己的战舰所处的危险境地。已受重创的"内华达"号，除了是日机新一波攻击诱人的攻击目标外，停泊在它旁边的"亚里桑那"号此时也威胁着它。"亚里桑那"号被炸成炼狱一般，完全为火舌吞噬，随时有爆炸的危险。于是，汤姆斯少校毅然决定紧急起航，以免军舰完全被毁。水手长埃德温·希尔接到命令，立刻奋不顾身地冒着大火，跳上码头，解开系绳，使"内华达"号能迅速脱身。希尔没有离开岗位、单独偷生，而是又依然跳入水中游回自己的军舰。在稍后的攻击中，他在一次大爆炸中消失，当时他正准备抛下舰锚。希尔成了珍珠港事件中第14个获得荣誉勋章的军人。

　　一旦驶离快要爆炸的"亚里桑那"号，"内华达"号在万人瞩目下加速前进。当"内华达"

◀ "亚利桑那"号战列舰被炸沉在珍珠港内。

▶ 被击毁的美军战机的残骸。

号从形同瘫痪的战斗舰列中骄傲地驶上水道时，着实给现场的众多美军官兵以无比的精神鼓励。

但"内华达"号的突围最危险的部分还在后面,即海军造船厂前的狭窄水道。此时,"加贺"号的机队捕捉到了目标,开始从南面向"内华达"号发动攻击。日军牧野三郎大尉所率领的俯冲轰炸机队发现,此时只要击沉"内华达"号,就可以让它留在港口入口处的水道中。这样,整个珍珠港的出海口就被彻底堵上,其他舰只就再难以突围出去。

于是,日军飞机像一群苍蝇一样扑了上去,走马灯似地进行狂轰滥炸。它们分头攻击,一批从西南方向顺风切入,一批从东南方向逆风切入,以分散美军顽强的防空炮火。当"加贺"号的轰炸机队发动俯冲投弹攻击之后,"内华达"号首先因舰首中弹而起火。但"内华达"号依然一边坚持向前航行,一边猛烈还击。但是,在冰雹一样的弹雨中,"内华达"号先后被6枚炸弹击中,浓烟和烈火腾地一下从甲板上升起,船尾开始下沉。眼看驶不出珍珠港,汤姆斯少校突然命令改变航向,向左驶去。为了避免沉没而堵塞住港口水道,汤姆斯有意准备搁浅在"医院角"海滩上。在它的附近,驱逐舰"萧"号也在日军的狂轰下在浮动船坞中猛烈燃烧,而停泊在水道附近"十十码头"的"阿冈"号也被炸得烈火横飞,一号干船坞的"凯兴"号和驱逐舰"唐纳斯"号也被炸得浓烟冲天。

此时,"内华达"号的前半部已经完全被大火吞没,汤姆斯指挥剩下的官兵拼命避开主要航道,但是珍珠港强烈的水流迫使"内华达"号尚能浮动的舰尾漂向水道。最后,这艘战列舰在霍皮斯特尔角搁浅。到10时45分,拖船才把它拖到入口航道的西侧。虽然它最终没有沉没,但是它的舰首部分已被完全炸毁，舰桥受到严重破坏。全舰有3名军官和47名士兵阵亡，109人受伤。

千磐大尉的机队在牧野机队攻击"内华达"号战列舰的同时，攻击了停泊在福特岛西北岸的舰只。他们甚至攻击医疗舰"慰藉"号。千磐的俯冲轰炸机发现了停泊在福特岛西面水上的水上供应舰"寇蒂斯"号，立刻群起围攻，在俯冲轰炸过程中，日军的一架俯冲轰炸机被击中失去了控制，一头撞上了"寇蒂斯"号，船上立刻升起了冲天的火光。9时12分，"寇蒂斯"号甲板又中了一枚炸弹，这枚炸弹穿透三层甲板后在后主甲板上爆炸，造成极其猛烈的大火。

"内华达"号战列舰突围失败后，"萧"号驱逐舰的火势也愈烧愈猛，火势不断向舰首方向延伸，终于在9时30分引发前弹药仓爆炸，成吨的高爆炸弹炸出来的火球上升到百米高空，碎片也迸射出好几百米之外。

在第一波攻击中没有沉没的美军军舰都再次遭到猛烈攻击。第二波的攻击又造成"西弗吉尼亚"号大火，大火一直燃烧到当天晚上。而"田纳西"号好运依然，虽然它又遭受两弹命中，但都没有引起大碍。"亚里桑那"号成了一枚定时炸弹，它溢出的燃油严重地影响着其他船只的安全。

"苍龙"号和"飞龙"号的部分机群在众多的目标当中，挑选了海军造船厂作为自己攻击的目标。俯冲轰炸机领队江草也先行杀入船坞修理厂上空，攻击入坞修理的巡洋舰"新奥尔良"号。虽然投弹没有直接命中，但是弹片却将巡洋舰击穿了26个洞，其中最大直径达6英寸，最小的也有1英寸宽。空袭时，由于造船厂输入的电力中断，舰上的5英寸防炮需要人力操作，随舰牧师荷维尔·福吉上尉在旁边奋力鼓舞士气，并要求大家"赞美主，努力传递弹药"，这句话不久就成为大战中最能激励军心的口号之一。

在海军造船厂中的巡洋舰"檀香山"号也难逃厄运，9点15分，它奋力想冲出造船厂，却在9时20分，被一架隶属于"苍龙"号航空母舰由一级士官加藤驾驶的俯冲轰炸机，从西南方切入攻击。加藤投弹命中了"檀香山"号停泊的码头，击穿了船坞的墙壁，继而引起里面的"檀香山"号爆炸，并使"檀香山"号舰体扭曲。

在两波攻击中，美国海军没能出动一架战机迎战，倒是陆军方面的"夏威夷空军"飞行员充分展现了他们的毅力和顽强，面对日机的狂轰滥炸、围追堵截，他们奋力升空迎战，击落了不少日军飞机，其数量占全部日机损失的一半。第57驱逐中队的五位飞行员，在基地遭受攻击时，立刻从住宿的惠勒基地开了两辆车就狂奔出来，冒着"零"式飞机的枪林弹雨，迅速来到受训的基地哈雷瓦机场。到机场后刚好有足够的飞机可供作战，包括5架P-40与一架P-36A。稍后，这5位英勇的飞行员顽强地升空，打下了7架敌机，其中最出色的是肯尼斯·泰勒少尉，他一人就击落了两架飞机。

普通民众也迸发出了激昂的爱国主义热情，在珍珠港附近的许多人不顾日军敌机的狂轰滥炸，冲过来参加灭火和救援行动。更有民众用自己的步枪和手枪向日军飞机开枪。11时，医院血库的血浆存量锐减，福雷斯特·平克顿医生立即广播呼吁献血。半小时内已有500人聚集在医院门外等候献血，医护人员分12个地点验血、抽血，但仍感人手不足，有的人竟然足足排了7个小时才献上血。

第二次攻击大约持续了1小时，进一步扩大了第一攻击波的战果。除了零星的爆炸声外，空袭已经结束。在这次攻击中，日军共损失飞机20架，其中，战斗机6架，俯冲轰炸机14架，许多轰炸机虽然被击中，但还是侥幸逃脱。而留在他们身后的是一个真正的人间地狱，到处是烈火以及灰色、棕色、黑色的蘑菇云，陆地上，鲜血、人的尸体和残肢随处可见，水面上也漂着许多美军官兵的尸体，无助地相互碰撞着，沉下去又浮上来。

渊田仍然在这个可怕的地狱上空盘旋，估算着战果，并且召集和指挥掉队的机组人员，他这架严重受损的飞机在珍珠港上空盘旋了近两个小时后，直到最后一架日军战斗机飞离视线，才朝"赤城"号飞去。

在这场突然袭击中，由航空母舰上起飞的日军飞机，对珍珠港进行的两波狂轰滥炸，续达1小时50分钟，取得了重大的战果，致使美国太平洋舰队遭到从未有过的惨重损失：

炸沉炸伤美各型战舰40余艘，其中炸沉战列舰4艘（"亚利桑那"号、"俄克拉荷马"号、"西弗吉尼亚"号和"加利福尼亚"号）；炸伤战列舰4艘（"马里兰"号、"内华达"号、"宾夕法尼亚"号和"田纳西"号）；炸沉3艘驱逐舰、1艘巡洋舰和4艘辅助舰，重创3艘轻巡洋舰和1艘水上供应船；炸毁美国飞机232架，炸伤163架；美国官兵共死伤近4,500人（死亡2,403人，其中近一半都葬身于被击沉的"亚利桑那"号中，2,097人受伤）。希卡姆、惠勒、福特岛、卡内欧黑、和伊瓦等机场的设施和飞机都遭受重创。综合而言，美军在珍珠港的大型军舰损失约50%，飞机损失约70%，美国太平洋舰队元气大伤，几乎全军覆没，太平洋舰队的战斗力下降了80%～90%，超过了美国海军在第一次世界大战中所受损失的总和。相对而言，日本方面的伤亡几乎微不足道，日军共消耗鱼雷40枚，各种炸弹556枚，总计约144吨。战斗中损失飞机29架，由于日军飞行员都抱着必死的决心，全都不带降落伞，所以机上55名飞行员全部阵亡。加上起飞时有1架飞机因故障坠毁，返航时有2架飞机因迷航而坠毁，总共损失飞机32架。还损失1艘大型潜艇和5艘袖珍潜艇，阵亡艇员77人，被俘1人。总计人员损失133人。

第九章

偷袭的败笔

　　南云举棋不定，空袭的成果已超出了他的想象；最后，他否决了渊田美津雄第三轮攻击的建议，放过了美军修船厂、干船坞和潜艇基地，也放弃了搜索美军航母，从而为第二次世界大战最大的海战——中途岛埋下伏笔。偷袭之后，日本天皇公布了《宣战诏书》，宣布对英、美开战，将整个大和民族拉入了一场自不量力的战争中。

No.1 夭折的第三波攻击

在柱岛基地，紧张而兴奋的一夜即将过去，传来的电波随着拂晓的来临越来越弱，收到的电报也越来越少。指挥部的人都明白，袭击结束了，其结果是大获全胜。山本五十六在他所擅长的赌博中又赢了个满堂红，再也无法掩饰内心的激动和兴奋，高声地和每个人说笑着，脸通红通红的。宿敌在两个小时之间就被打翻在地，日本朝着称霸远东及太平洋地区，乃至整个世界迈出了异常成功的一步。

在万里之外的珍珠港附近海面上，南云忠一和他的参谋们都站在"赤城"号的舰桥上，目不转睛地注视着南面的天空。

日本的攻击飞机在完成任务之后，纷纷返回自己的航舰。它们先以瓦胡岛西侧的卡埃纳角为会合点，然后再长途北返目的地——这是为了不暴露自己舰队的方位。这些受损的飞机，返家途中尚需长途跋涉，困倦和紧绷的神经自然造成了一些落地不当的伤亡。有时，有些艰难降下的飞机破损太过严重，甲板上的工作人员只得把它们推落到海中了事。在航空母舰的甲板上，没有任务的人员都赶过来，帮助他们艰难地从飞机中爬出来。所有回到"赤城"号上的飞机军官，都立即向负责航空事务的参谋增田报告情况，由他汇总，报告给焦急等待最后统计结果的南云等人。

中午时分，最后一架飞机——渊田的指挥机——终于安全地降落在"赤城"号的甲板上。渊田刚从弹痕累累的飞机上爬出，立刻就有一名勤务兵跑过来传达南云的命令，要他立刻去会议室。他匆匆把自己的观察报告和增田汇总起来的报告加以核对，发现几乎完全一致，他高兴地猛拍了增田肩膀一下，抢过汇总报告，和勤务兵一同去会议室。

在会议室，兴奋已经平息下去，气氛有些紧张。南云坐在桌子的一边，手托着下巴，紧皱着眉头，沉默不语。在他的左侧，草鹿、大石等人正在争论着什么。一看到他进来，大家立刻都站了起来，欢迎凯旋的英雄。

南云也立刻站起来，走到渊田的身边，紧紧地握住他的手说："辛苦了，渊田君。"其他参谋人员也纷纷拍着他的肩膀道贺。

大家坐定后，南云问渊田："最终的战果如何？"

"至少有4艘战列舰沉没，另有4艘被重创。"渊田回答说。他随即用手边的茶杯和烟灰缸等物摆出美军军舰的位置，并详细介绍了攻击每一艘美军战舰的情况。

渊田一边说，南云一边不断地点头，等渊田大致上说完，他思考了片刻，问渊田说："渊田君，你认为太平洋舰队要用多久才能驶出珍珠港？"

渊田毫不犹豫地说："在半年之内，美国太平洋舰队的主力不可能发挥任何实质性的作用。"

▲日海军军官在商讨作战计划。　　　　　　　▲日本航空母舰停在距珍珠港几百海里的海上待命。

南云满意地点了点头说："那我们的任务算是完成了。"

草鹿也随声附和道："是啊，能不辱山本总司令之所托。"

草鹿又问渊田："渊田君，你认为我们下一步的行动应该是什么呢？"

渊田毫不犹豫地说："我认为我们应该继续攻击海军船坞、油库、潜艇基地，尽可能彻底摧毁珍珠港的一切军事设施。"

指挥室中突然谁都不说话，仿佛都在思考渊田的话。草鹿也思考了片刻，问渊田说："渊田君，美国人有能力展开反击吗？这种可能性有多大？"

渊田回答说："敌人的战列舰、飞机等基本被摧毁，我军已完全控制了瓦胡岛以及海上的制空权，美国人此时忙于加强防御和救助遭受重创的舰只和船员，所以实施反击的可能性不大。"

他停了停，补充说："但是美军的航空母舰毫发未伤，依然保持了相当强的战斗力，所以当务之急是尽早确定这些航空母舰的位置，并发动新一轮的攻击，在它们合围增援之前将它们消灭于海上。"

是的，在空袭开始之前，太平洋舰队的航空母舰"企业"号和"列克星敦"号等就驶出珍珠港，一去不见踪影，日本人始终无法掌握这些航母的位置和动向，这也一直是南云和渊田的遗憾和心头之痛。渊田倒不害怕美国的航空母舰会杀个回马枪，以日舰现在的实力，虽然在空袭中有所损伤，但凭借其强大的战斗力和战机先进的攻击性能，绝对会让美军航母吃不了兜着走，渊田还怕它不来呢。

南云也把目光集中在渊田的脸上，仿佛想从他的脸上找到什么答案一样，他问渊田："你认为这些航空母舰会在什么地方？"

渊田沉吟道："很难确定，不过我认为它们极有可能正在海上某处执行特定的任务或是训练。但是，现在它们应该已经收到珍珠港受到空袭的报告，因而可能正在搜寻我舰队。期望对我舰队予以重创，来挽回一些面子。"

显然，南云不如渊田那么乐观，美军航母来袭的设想让他觉得很不舒服。在他内心深处，一直担心美国人也会给他来个突然袭击。如果真的让美国人得逞的话，那偷袭珍珠港的巨大成果将荡然无存，他哪里有脸面去见对他寄予厚望的天皇、山本五十六和联合舰队的所有将士们。这个想法让他有些不寒而栗，脸色不由得沉了下来。

善于察言观色的草鹿见状，转头又问渊田："渊田君认为美军航空母舰来袭的可能性有多大？我军将如何应付。"

渊田轻松地说："让他们来吧。来多少我们打多少。"

一直在策划珍珠港空袭的源田也插嘴说："没错，我军虽然略有损失，但总体实力依然保持，足可以与之一战。目前当务之急是应该尽快确定这些航母的位置，并尽早发动攻击，扩大战果。否则，这些航空母舰日后可能会给我军在太平洋和远东的行动带来很大的麻烦。"

草鹿不快地说："两位的斗志可嘉，令人敬佩不已，但是我们不得不把战斗热情和我们的战斗力做出公平的衡量。目前我军并没有足够的实力和敌军硬耗。"

在一旁闷声不语的南云听到草鹿的发言，不由得点点头，脸上也露出同意的神情。草鹿见南云表示赞同，底气更壮，他接着说："我认为我军已实现了基本的作战目标。目前应该立即返航。日本的财力有限，无法和美国强大的潜能抗衡，我军经不起把自己的舰只随意放在没有多少获胜把握的赌局上，这样的情况应该越少越好。不能贸然去冒险。"

正在此时，第二航空战队的山口多闻司令官也赶来，他也不听草鹿的分析，径直对南云说："阁下，我军应该再次发动袭击，诸位将士非常渴望能再次袭击珍珠港，进一步扩大战果，给敌人造成更大的破坏。请司令官下令吧。"

南云脸色不由得一沉，但随即他压抑住内心的不快，对山口多闻说："将军的勇气和斗志令人钦佩。但是目前我军不应该再次卷入冒险之中，再次攻击已毫无意义，而且目前敌人主力航母动向不明，不适合继续在此处逗留。"

山口听到这些话，气愤地大声嚷道："这么绝好的机会我们怎能放弃，我将如何对渴望再次出征的将士们交代？难道司令愿意背上一个懦夫的恶名吗？"

指挥室里顿时鸦雀无声，南云阴沉着脸，不言不语。大石急忙说："我们已经给敌人的战列舰造成了巨大的损失，战果空前，这已相当令人满意了。鉴于金梅尔的航母这一最大的目标未在港内，我们没有必要实施新的攻击。因此，特遣舰队不应该使用精锐的航空部队去攻击瓦胡岛上的军事设施，而应该养精蓄锐，准备将来同敌人的航空母舰决一死战。"

知道刚才的话有些过重，山口也闭上嘴，没有再反驳。

为了缓和一下气氛，草鹿微微咳了两声，接过大石的话，缓缓地说："目前，我军应考虑撤离珍珠港水域，原因有三：其一是袭击已经取得了预期的效果；其二，再次攻击可能会使特遣舰队蒙受重大损失；其三，敌人的航空母舰下落不明，随时有可能发动攻击。"他顿了顿，看到山口露出不服气的神情，又平静地提醒大家："出征时山本司令将一切都托付给南云阁下，由南云阁下全权负责，南云阁下必须为全体船员的安全负责。而且，山本司令交予的珍珠港行动的目的已经达到，现在我们必须准备以后的军事行动了。"

大家都哑口无言，草鹿搬出了山本五十六这个招牌，没有人再敢反驳，毕竟大家对山本五十六都由衷地敬仰。而且，南云毕竟是司令，他有权决定整个舰队的行动。

舰队司令南云忠一的想法是，尽快结束这一切，返回家园。这次偷袭珍珠港，他是冒着失去日本第一航空舰队的危险而来的，现在他的舰队完好无损而且大获全胜，这时回去他完全可以算是载誉而归，他不想让自己卷入冒险之中，再一次体验那种焦急。南云相信，此时他所能做的最大贡献，就是安全地把这些特遣舰队完好无损地带回日本，为将来的大战准备足够的力量。而且，他也是答应了军令部要求——务必保存6艘航空母舰——才得到航母的。

轻而易举的胜利，使南云顿时被冲昏了头脑，也使南云的作战决策思维失去了重心。他现在满脑子想的都是捞够了，可以走了，不能太贪心，不值得为不确定的成果再冒任何风险。他现在只想尽量减少特遣舰队的损失，而不是进一步重创敌人，在最大限度上消灭敌人。其实，他没有领会山本的精神内涵。在山本看来，如果和超过自己甚多的敌人交手是不可避免的话，那么最好的战略不是如何保存自己，而是如何能在最大限度上对敌人展开突然的袭击，最大限度地消灭敌人，只有这样，才能真正地有效保存自己。因为最好的防御就是进攻，只有抓住机会，一举击垮敌人，才能最大限度的保存自己；如果只是为了保护自己的力量，山本根本不会发动什么奇袭珍珠港行动，不如就老老实实地遵循日本既定的战略，养精蓄锐，引诱美军进入日本邻海，利用本土优势来决一死战。

所以，在日本机动舰队得手后，当部下请示南云是否还要再派出一些飞机，对造船厂、油库等重要目标实行最后一次补炸时，南云忠一唯一的想法就是返航。这也难怪源田等人会把他看做是个"不会适应环境的人"。

▲被日军轰炸的珍珠港内，一辆美军汽车车身上遍布弹孔。

其实南云能担任第一航空舰队的司令，进而担任奇袭珍珠港的特混舰队的司令，并不是因为他的才干超出他人甚多。平心而论，他虽然是个优秀的指挥官，但他并不是担任这一职务的最合适人选，他能担任第一舰队的司令，很大程度上也是因为日本军队内部的按资排辈惯例。

担负袭击珍珠港主要任务的第一航空舰队，是日本帝国海上武力的一个重要而可怕的工具，其司令官绝不是普通的职位。原本，人们预料会任命一位航空将军或至少是一位懂得海军航空的人担任这支舰队的指挥官，谁也没有想到这个重担会落在一位海军中将身上。在南云忠一的从军生涯中，没有任何与空军有关的事。

南云是个老式的军官，走路姿态粗犷，为人粗鲁，他拥有极丰富的鱼雷战术经验和背景。他1887年3月出生于本州北部的山形县，后来考上江田岛海军学校，成绩一直很优秀。一次大战期间，他曾在太平洋上各型战舰，包括战斗舰、驱逐舰、巡洋舰等舰种上服役。1935年以来，先以少将军衔连续统领驱逐舰队以及重巡洋舰队在中国战区作战，后来又回到海上担任第三战队司令官。一年后，晋升为中将，到1940年11月，他出任海军参谋大学校长。不久，又担任了第一航空舰队的司令官。

他是位鱼雷攻击和海上作战的高手，但是，许多人都认为，让他担任日本海军航空兵司令一职却并不适合，因为他对航空兵的实力和潜力毫无概念。南云也了解自己欠缺海军航空的经验，所以非常倚重他的参谋长草鹿以及源田。几乎所有参战的日本官兵都认为，从担任第一航空舰队司令的那一天起，南云就不再是一位普通的海军中将了。从那一刻起，

▲美军士兵正在检查一具日军飞行员的尸体。

他肩负的是日本海军和整个日本帝国的希望、肩负着日本民族的历史和梦想。倘若此行成功，他必定会成为大和民族的英雄，成为人们顶礼膜拜的偶像，成为胜利的象征。哪怕战死沙场，他的铭牌也会被供入神社之中，受人膜拜。但是如果他失败了呢？很可能整个大和民族都会因为他的惨败而陷入万劫不复之中。他的肩上所承担的责任和重担超过了任何人的想象，他的一举一动不仅决定着随行的几千名将士和那些珍贵战舰的命运，也决定了大和民族的命运。而且，这次袭击行动打破了一切常规，毫无前例可循，而一切都决定于他。是返航还是继续攻击？他只觉得头脑中一片混乱，似乎都有道理又似乎都不可行。他深感自己此时的无能为力和虚弱，内心深处只想乞求神灵保佑，告诉他一个正确的答案。

此时草鹿等人继续坚持慎重的观点，认为下落不明的美国航空母舰和来自敌人岸基飞机的报复随时可能让特混舰队陷入极大的危险之中，袭击应该快如闪电，撤离也应该快如疾风。

此时在东京军令部，人们的意见比较一致。永野等人一边欢庆胜利，一边担心特混舰队的安全，他们更担心舰队的安全，而不是再发动新的袭击。

不过此时，返航还是进攻都只有一个人能说了算。南云沉默了许久，突然抬起头，断然地命令说："取消进攻准备，全舰返航！"

很快，"赤城"号悬挂起信号旗，指示特遣舰队准备撤退。许多官兵虽然觉得机会难得，错过这次机会将会抱憾终生，但是能在偷袭中旗开得胜、圆满完成任务后胜利返航，也是一件值得让人高兴的事；而且，终于可以回到日本，受到人们热烈的欢迎，这幕场景让每个人都不由得心头一热。在接到返航通知后，军舰上的日军官兵们都狂热地高呼"班哉（日语音译，意为"万岁"）！班哉！"。

究竟南云的决定是否正确，这个问题争论了多年也没有定论。以草鹿为代表的人认为，袭击完成了山本的基本意图，即打击美国太平洋舰队，使其在半年内失去战斗力，从而配合日军南线的攻击，保证日军在实施占领东南亚的计划时不会受到美国海军从侧翼发动的攻击。而以山口多闻、源田和渊田为代表的人认为，夏威夷是太平洋军事行动的关键，控制了珍珠港就控制了太平洋，也就控制了世界的海洋，只有控制了它，才能击败美国海军。

多数美国将领都认为南云做出了错误的决定。后来接替金梅尔继任美国太平洋舰队司令的尼米兹上将认为南云把突击时间限定为一天，突击目标又限定在有限范围里，没有最大限度利用这一来之不易的绝好机会。这是给美国最大的帮助，给美国留下了喘息之机，使他们可以恢复士气，并重新组织力量。

金梅尔也认为，南云目光短浅，只注意袭击战列舰，军事思想落伍。金梅尔说："……其实珍珠港基地比战列舰更有袭击价值。"确实，如果日本人再发动一次攻击，炸毁地面上的船坞和油库的话，太平洋舰队将不得不退出这一地区，因为他们将无法从这一地区或别的地方获得足够的燃油。

山本五十六也评价南云是个庸才，说他在指挥时就像小贼入室行窃，开始时志在必得，胆大包天，稍一得手便心虚胆怯，急于溜走。

由于没有进行第三次攻击，而前两次攻击中日军又只重视对军事目标的打击，根本没有攻击珍珠港的拥有各种齐全修造船设施的造船厂和储存有 1,800 万升燃油的油库。日后美军正是利用造船厂的设备迅速打捞修复受创的军舰，正是利用油库的燃油使得航母频频出击，在短时间里恢复了太平洋舰队的战斗力。设想一下，日军即使只炸毁了油库，也足以让完整无损的太平洋舰队在 6 个月里无法出动。这是日军在这次偷袭中最大的失误。山本五十六于 1942 年在一次谈话中表示："事实已经证明，没有对珍珠港实施第三次袭击是一个极大的错误。"

经此一战，太平洋上的战略优势转入日本人的手中。

No.2 日本人的失误

日军虽然偷袭珍珠港获得全胜，但也明显存在几处败笔。一是空袭草草收场，留下了无穷的后患。

　　渊田美津雄一直等到攻击结束并确认战果后才最后返回，他向南云忠一报告说，预计美军战列舰被击沉4艘，重创4艘，6个月内无法恢复战斗力；瓦胡岛上的机场因大火而无法准确判断战况，但3个小时内未发现美机升空，推测美军战机已所剩无几。渊田在报告中指出，敌舰虽被击沉，但因位于浅水港湾内，很容易打捞和修理，所以应该紧接着对珍珠港内的军工厂、港口设施和贮油设施进行轰炸。但南云忠一却下令舰队返航。

　　港内的美舰虽然在轰炸中无一幸免，但经过抢修之后，除了老旧的"犹他"号和倾覆的"俄克拉荷马"号、发生大爆炸的"亚利桑纳"号外，其他舰只陆续被修复；受损的飞机也有80%得以重上蓝天。另外，太平洋舰队的3艘航空母舰由于偶然原因全部安然无损地保存下来了。"企业"号在从威克岛返回珍珠港的途中，迟到了10几个小时，从而躲过了这场灾难。傍晚，"企业"号驶入珍珠港。"列克星顿"号离开珍珠港去中途岛运送飞机，"萨拉多加"号则在美国的西海岸进行检修。除此之外，还有部分巡洋舰，由于外出执行护卫舰队和海上运输队，或出外演习及执行特殊任务等，日军轰炸时不在港内，因此逃脱了这场葬身海底的灾难。而且，在袭击中未受损伤的其他舰艇仍能出海作战，受伤舰艇很快得到修复，甚至连沉没的战列舰也有半数被打捞出水并进行改装，随后又投入战斗，为美太平洋舰队迅速恢复战斗力提供了条件。

　　日本人显然漏过了一些比战舰更重要的地面目标。其中之一就是海军造船厂。日本人如果攻击它，美国太平洋舰队就不会只是损失几艘舰船那么简单了，而可能是"面"的失败。届时，太平洋舰队将不能及时补充和修复战舰，只能灰溜溜地溜回本土海岸去了。这样，整个历史都可能重写。事实上，珍珠港的海军造船厂在日本飞机一走后就开始了修复舰船的工作，并且修复工作一直贯穿了整个太平洋海战。

　　日军的另一个"失策"是没有攻击瓦胡岛东南海湾的潜艇基地。在编制袭击计划的时候，决策者甚至都根本没有把这一基地列入攻击范围之列。由于日本人"高抬贵手"，使得太平洋舰队的潜艇从来没有中断过运作，并且在一些海战中发挥了重要的作用。至于为什么日本人没有把潜艇基地列入攻击目标，这是个谜，因为日本人显然很重视潜艇作战，甚至不惜冒暴露目标的危险也要动用并不成熟的微型潜艇来攻击珍珠港。也许当时在制订计划时，他们把目光都集中在航空母舰和战列舰上了，而忽视了潜艇基地。或者也许是日本海军对自己的潜艇力量太过自信，而对美国人的潜艇实力太过轻视的缘故。

　　日本人最大失策是没有把太平洋舰队的供油系统列入攻击对象。这些油库位于潜艇基地附近，但是并没有深埋于地下，而是高于地面，所以它们储存的燃料油非常容易受到攻击，而且，一旦遭受攻击，它带来的损失难以估量。因为一旦供油系统被摧毁，油库必然会发生爆炸，随之而来的大火也会吞噬周围的一切。更致命的是，整个太平洋舰队以及夏威夷的所有部队都将因为缺少燃油而无法行动。夏威夷地区的每一滴燃油都是用油轮从美国本土一点一点运来的，但是却储存在这么容易受到攻击的油库区中。曾经有人向肖特、金梅尔和美国国防部提出过这个问题，但是他们都置之不理。这并不是因为金梅尔和肖特等人没有意识到基地设施的重要性，而是他们认为日本人最有可能发动攻击的时刻是当美国舰队出海的时候，此时内部空虚，日本人才能得手，他们想不到日本人会如此大胆，敢在军舰都在港口时发动攻击。所幸，日本人显然对进攻性武器——战舰和飞机更有兴趣一些，才使这些极其重要的资源幸免于难。否则，美国人就只能乖乖地打道回府，更遑论争霸太平洋了。

▶ 负责日军飞行员训练的渊田。

　　另外，日本人成功地袭击了珍珠港，取得了辉煌的战果，他们用实际行动向世人、向美国人显示了海军航空兵的巨大潜力。这种新兵种具有进攻威力大、速度快、作战距离远等特点，它充分证明，航空母舰已可取代战列舰在海战中的主力地位。此战之后，美国等盟国充分地意识到了舰载航空兵所具有的巨大威力。美国主观上吸取了珍珠港的教训，摒弃了旧的传统海战理论。客观上其战列舰部队已受到毁灭性打击，只能组织以航空母舰为核心的舰队来实施海上作战。在其后的实战中一再证明这种编组与战法有效，以后遂大力发展海军航空兵力，并在实践中不断改进和提高完善，逐渐创造摸索出一整套以航母为核心的特混舰队的战略战术，总结出一系列符合武器发展的战略战术。反观日军，日本联合舰队虽然在此次偷袭中打破常规，大胆启用新战法取得了辉煌的成果，但却被这一辉煌的

▲ 美军正在抢修未完全损坏的船只。

战果所陶醉，没有把这一新战法继续扩大发展。他们作为偷袭珍珠港的创造者，并没有深刻认识到航空母舰及其舰载机在海战中所起的决定性作用，反而依然深受巨舰大炮主义战略思想的束缚，仍然沉湎于旧的传统的战列舰海上决战理论，因循守旧，未能以袭击珍珠港为契机彻底转变海军战略思想，以致后来连遭挫败，最终抵消了在偷袭珍珠港中所取得的物质上的战果。当认识到应以航空兵为主指导用兵和改进武备时，其国力已经不支，等待他们的只剩下败亡的命运。

　　日本的败亡一方面是他们倒行逆施、不得人心，而且国力和美国无法抗衡，但是另外一个很重要的原因也是他们太固守窠臼，没有从他人的失败中汲取教训。所以，日本的败亡从一开始也许就已经注定。

　　日本还有一个败笔，就是他们虽然在战术上很成功，但是在战略上却很失败。从军事意义上讲，日本经过长期周密准备，取得了奇袭珍珠港的重大军事胜利。在偷袭珍珠港之后，

▲美军潜艇部队由于不在珍珠港而躲过一劫。

日军又在 1941 年 12 月 9 日空袭美军在菲律宾的航空兵基地，12 月 10 日击沉英国远东舰队的"威尔士亲王"号战列舰和"反击"号战列巡洋舰，一举消灭了盟军在东南亚和太平洋上的三支最具威力的部队——美国的太平洋舰队、美国驻菲律宾的航空兵和英国远东舰队，取得了在东南亚的制空权和制海权，为日军横扫东南亚奠定了基础。此后，日军又挟胜利之势，取得了太平洋战争初期的一系列胜利，初步实现了建立"大东亚共荣圈"的迷梦。但是从战略上看，扩大战争对日本这一岛国并不十分有利。日本本来就资源贫乏，打不起消耗战。而随着日军战线的拉长，兵力开始不断分散，兵源也开始不断枯竭，中国战场和太平洋战场都牵制了日军大量的军力，使他们无法互相支援，形成合围之势。随着战线的不断拉长，战争保障出现困难。更重要的是，日本此举为自己树立了太多的敌人，而且，这些敌人形成的合力极为惊人，远不是这么一个小国能承受得了的。被侵占国家和地区的人民同仇敌忾，奋起抗战，极大地牵制和消耗了日军有生力量，为美、英在太平洋上组织力量进行反攻创造了有利的条件。所以，从战略上看，日本当初孤注一掷地把国运赌博在战争中，从根本上就是完全错误的。而且，他们低估了美国的实力和潜力，低估了对手的决心和毅力，自不量力地寻找到一个它根本无法战胜的对手——美国以及全世界爱好和平的国家和人民。

所以，日本最大的败笔还是他们虽然在军事上取得了胜利，但是在道义上却遭受惨败，而且留下了"偷袭"的恶名。这是山本五十六等人一个更大的遗憾。日本原定要在空袭前半小时递交最后通牒，但是因为翻译电报的延误而拖延，等到交到美国国务卿赫尔的手中时，已经比预定时间晚了 80 分钟。日本本来想借时间差来规避"不宣而战"的罪名，但是最后还是背上了偷袭的恶名。这使得山本五十六直到 1943 年战死时，还一直耿耿于怀。而且，日本人的偷袭打破了许多人不切实际的幻想，激怒了世界上所有爱好和平的国家和人民，激发了全世界所有爱好和平、反对战争的人们起来反抗以日、德为首的侵略势力，反对法西斯主义。可以说，道义上的失败才是日本和法西斯势力迅速败亡的真正原因。

1941 年 12 月 8 日上午 6 时，在日本陆军省记者俱乐部，陆军报道部长大平和海军报道部的田代中佐向早已等候在这里的记者们发布了大本营陆海军部公报："帝国陆海军部队于本日黎明在西太平洋同美英军队进入战争状态。"

上午 11 时，日本大本营在海军俱乐部黑潮会发布第二号新闻公告："帝国海军于今天凌晨，对夏威夷方面的美国舰队和空军断然进行了猛烈的大规模空袭。"

11 时 45 分，广播电台发布了天皇的《宣战大诏》："朕兹对美国及英国宣战。帝国今为自存自卫，已蹶然奋起，必当摧毁一切障碍！"语气中渗出一股腾腾杀气。接着，东条英机以"拜受大诏"为题，发表对全国的讲话："胜利永存于皇威之下。"此时，在不可一世的战争赌徒们的心中只有无尽的野心和狂妄，残存的一点理智也随着美国太平洋舰队的诸多舰只一道，沉入深深的太平洋中。他们不知道他们捅的并不是一个小小的马蜂窝，而是一只沉睡的雄狮，一只蓦然惊醒，发出震天吼叫，遮天蔽日地扑向小小日本列岛的猛狮。

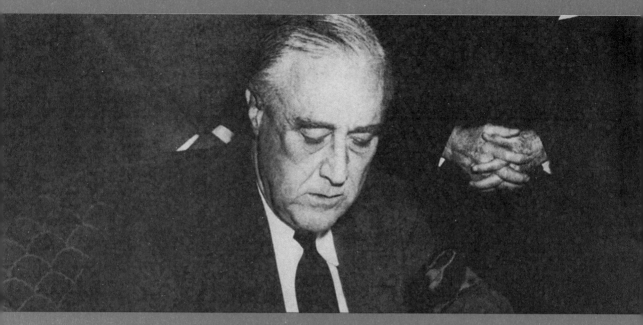

第十章

美国人的怒吼

　　就军事观点而论，日本赢得了胜利，但在心理上，日本输了。美国人在珍珠港的爆炸声中猛醒，团结成强大的力量。从这一天开始，美国人不再站在远处观望，"勿忘珍珠港"成为此后太平洋战争中美军的战斗口号。日本从来没有低估过美国的军事实力，却从一开始就低估了美国人的精神实力。在随之而来的战争中，美国空袭了东京，血债血偿，打击了日本的本土，更打击了日本人骄傲的灵魂。日本帝国在炮火中走向了无尽的黑暗。

No.1 弥天大谎不攻自破

8时50分（华盛顿时间当天下午1时50分），正当日本第二攻击波飞机飞临瓦胡岛上空时，野村大使和来栖特使才前往美国国务院递交日本的最后通牒（日本外交部规定递交通牒的时间是华盛顿时间下午1时）。

其实在下午2时5分左右（华盛顿时间），罗斯福总统已经打电话告诉国务卿赫尔珍珠港遭到袭击的情况了。赫尔的第一反应是难以置信，随即就是气愤至极，破口大骂，隔着电话就怒斥日本人背信弃义。

罗斯福待他平静下来，镇静地要求赫尔仍然答应日本特使的请求。他还叮嘱赫尔应该保持冷静，并且不失礼仪地接见日本特使，但不要提他已经知道了珍珠港事件一事，态度要严肃、冷淡，"客客气气地把他们打发走"。

放下电话，赫尔气得全身直抖，扶着电话的手把全身的抖动都传到他的办公桌上，震得桌上的咖啡杯直响、钢笔在桌上乱滚，好半天，他才平息激愤的心情。他深深地为日本人的卑鄙而感到愤怒，也为自己没能及时洞悉日本特使和政府的阴谋，一直被他们玩弄在股掌之中而深感沉痛。他现在只想拒绝会见日本特使，让他们赶快滚回日本去，但是，个人的感情不能影响自己作为国务卿的工作，他强压住内心的激动，稳定了一下情绪，按下桌上的铃，让工作人员带日本特使进来。

日本特使已于华盛顿时间下午2时03分到达了国务院，正在外交官休息室等待召见。2时10分，赫尔在国务院远东问题专家、曾多次参加双方谈判的巴兰提的陪同下，会见了日本特使。

赫尔冷冷地和他们打招呼，拒绝握手，也没有请他们就座。

野村尴尬地站在一旁，把照会交给赫尔，低着头解释说："日本政府电令我们在下午1时把这个文件交给贵国政府。"他停了停，用道歉的语气说："可是由于译电用的时间太长，所以晚了，请原谅。"

赫尔铁青着脸，冷冷地瞪着野村，声音低沉地说："为什么要在下午1点交给我国？"他顿了顿，用嘲讽的语气说："有什么用意吗？"

这位日本外交官用抱歉的语气说："我也不清楚是什么原因，但这是给我的指示。"

其实日本政府早在12月2日即确定了发动战争的时间，但为麻痹美国，掩护突然袭击，以收出奇制胜之效，日本政府仍训令来栖、野村继续谈判，不要使美国产生谈判已破裂的印象。直到12月6日20时30分，日本政府才把对美的最后通牒通告野村，全文共分14段，断断续续发出，至7日16时才发电完毕。但由于日本大使馆译电、打字耽误了时间，直到

▲珍珠港事件后的第二天，美军高级将领正在研究对日军的反击计划

下午 2 时 20 分，两位大使才急急忙忙走进赫尔办公室，并把通牒交给赫尔。此时距日本第一批飞机攻击珍珠港已过了 50 分钟。

野村要递交的文件，赫尔早已通过"魔术"了如指掌。他打开照会，冷冷地扫了一眼，然后又冷冷地盯着野村和来栖，厉声说："我想直截了当地告诉你们，我同你们在过去的9 个月谈判中，从来没有说过一句谎话。这完全有案可查。我在 50 年的公职生活中，从未见过这样一份厚颜无耻、充满虚伪和狡辩的文件。到目前为止，我做梦也没有想到，在这个星球上，竟然还有一个政府能够如此不顾事实去撒这样的弥天大谎。"

野村正想开口说点什么，赫尔举起右手，挥手加以制止，然后指了指指门口，示意他们出去。野村腼着脸走到赫尔面前说了声"再见"，并且鞠了个非常标准的日式弯腰躬，灰溜溜地和来栖快步走出门。就在这两个日本人低着头转身向外走的时候，赫尔实在忍不住了，也不等他们走远，就开始破口大骂："无赖，该死！"

在野村和来栖返回大使馆的途中，美国的广播电台已开始反复播放珍珠港受到袭击的消息。这个消息像重磅炸弹一样，沉重地砸在早已习惯和平、不知战争是何滋味的美国人

◀1945 年 11 月，美国组织了一个专门委员会调查珍珠港事件。

的心头。正沉浸于繁荣时光、沉醉于美妙星期日的美国人无一不受到了莫大的冲击，许多人都不敢相信自己的耳朵，或是以为电台又在开什么节日玩笑。但是，播音员紧张而颤抖的声音很快让他们明白过来，这是真的。顿时，大街上一片死寂，随即又爆发出阵阵怒吼，一些人低下头，默默地为珍珠港死难者哀悼，而冲动的人早已呼朋唤友，拿着石块和燃烧瓶就向日本驻美大使馆冲去，一路上还高喊反日口号。

坐在大使馆内惶恐的野村等人面面相觑，不敢出去回应任何美国民众的置疑和指责，野村和来栖不情愿地成了日本驻美国的"最后一任大使"，也是"最丢人的一任特使"。赫尔刚才的"外交礼仪"比当面向他们脸上吐唾沫还令人难堪，而门外美国市民的激愤和怒斥更使他们惶惶不可终日。他们也一下失去了往日的尊贵和自傲，要不是恪尽职守的美国警察继续维持和保护着使馆的安全以及秩序，他们恐怕早被愤怒的美国人撕成碎片了。他们现在想的只是赶快逃离这个让他们感到耻辱的地方，尽快逃回国内，只是在这之前，还有漫长的 6 个月的煎熬等待着他们。

▶ 当日本人还在大谈和平的时候，珍珠港却遭到了袭击，这是多么具有讽刺意味的一幕。

No.2 美国对日宣战

珍珠港上空的滚滚硝烟和美国士兵的鲜血使美国国内的孤立主义一夜之间销声匿迹。次日，美国参、众两院根据总统的建议，举行紧急会议。正午刚过，议员们就鱼贯进入众议院大厅。在挤得满满的旁听席上坐着罗斯福夫人。坐在她身旁的是罗斯福总统特意请来的上一次大战时的美国总统伍德罗·威尔逊的夫人。众议院议长萨姆·雷朋敲起木槌请场内安静，接着便高声呼喊："美利坚合众国总统！"因行动不便而一向深居简出的罗斯福总统，此时作出了异乎寻常的举动。他没有坐轮椅，而是在他儿子的搀扶下，亲自来到美国国会，他们慢步随着呼声走入会场。

罗斯福镇静从容而又略显悲愤地站在台前，环视着会场，翻开随身带的一个黑皮记事本，开始宣读："昨天，1941 年 12 月 7 日，一个污名长留的日子，美利坚合众国突然遭到日本帝国海空部队的蓄意进攻……"

这篇讲话历时几分钟，频频为掌声所打断。最后总统说："我要求国会宣布，自 1941 年

12月7日星期日日本无端发动这场卑鄙的进攻之时起,合众国与日本帝国之间进入战争状态。"

他望着台下所有的人,坚定地说:"我宣布,定12月7日为美国的国耻日,美国人民将永远不忘此日。"

罗斯福在如雷般的掌声、欢呼声和激烈的叫喊声中合上了记事本。这是他自担任总统以来第一次代表全体美国人民讲话。

不到1小时,参、众两院一致通过了罗斯福的宣战要求。当天下午,美国政府对日宣战。当天下午4时10分,美国签署了对日宣战书,宣布和日本进入全面战争。

12月8日,继美国对日宣战之后,英国也对日宣战。

12月9日,已经艰苦地同日军奋战了4年的中国国民党政府也正式对日本宣战,10日又对德、意宣战。

接着,澳大利亚、新西兰、加拿大等近20个国家也相继对日宣战。11日,德、意作出反应,对美宣战。美国同样也对德、意宣战。

至此,战争名副其实地打成了一场世界大战。第二次世界大战也就名副其实地成了"全球战争"。

这件事对美国产生的影响,正像英国首相丘吉尔的朋友爱德华·格雷爵士在30多年前对他所说的那样:"美国好像是一只巨大的锅炉。一经在它下面生起火来,它就能够产生无穷的力量。"后来的事实也证明确实如此。

英国首相丘吉尔对此高兴得老泪横流,他在得知日本偷袭珍珠港的消息之后的第一句话就是:"好了!我们总算赢了。"事情完全出乎他的意料,他想不到日本人帮了他大忙。曾几何时,为把美国拖进战争,他费尽九牛二虎之力,也只搞到一个《租借法》,而日本人的行动却使美国人不得不痛下决心投入一场全球战争。当天,英国宣布同日本处于战争状态。

而希特勒却对此大为恼怒。据希特勒身边的工作人员说,他在得知日本偷袭珍珠港的消息后,暴跳如雷,在场的人被吓得目瞪口呆。希特勒始终没忘记美国的干涉对第一次世界大战结局所起的决定性作用。他认为德国征服欧洲、摧毁苏联、最后制服英国的目标是可以实现的,但必须有一个条件:美国不介入。因此他尽量不给美国以参战的借口。他在1939年9月曾向德国海军将领下达了严格的命令:"任何德国潜艇不准在大西洋攻击美国船队。"但珍珠港事件使美国人终于找到了参战的借口,希特勒的世界性战略因此功亏一篑。

在那个"全球战争"的第一个夜晚,温斯顿·丘吉尔心满意足地安然入睡。夏尔·戴高乐对帕西上校说,今后"应作好解放法国的准备……"

▶ 抵达华盛顿的丘吉尔声援美国人民。

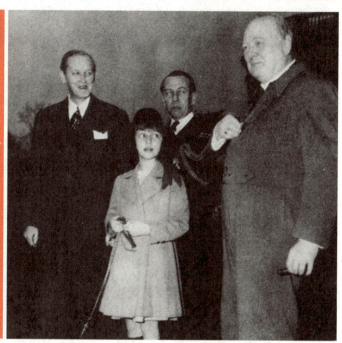

　　珍珠港事件后一连几天下午，数千名死难者经过简单庄重的仪式被陆续入土安葬，每个坟前都放置着一束鲜花。一排神情严肃的陆战队士兵，对空鸣放三枪，号兵吹响了葬仪号。1942年元旦，珍珠港举行了一次追思弥撒，向死难者致敬。数百名参加者都佩戴花环，以示对亡灵的敬意。6名夏威夷少女唱起《珍重，再见》的歌曲，在沉重肃穆的气氛中太平洋舰队牧师威廉·麦圭尔坚定地说："我们不是以悲哀的心情来埋葬死者，他们死时是大丈夫，入土时也是大丈夫。无论如何，我们一定要为他们报仇！"——这就是珍珠港事变之后，所有人的心声！

　　确实如此，就军事观点而论，日本人赢得了胜利，但在心理上，日本却输了。即使山本五十六本人是如此了解美国，他也没有料到对于这场桌面正在外交会谈、而背后却被无情痛击的事件，会引发美国如此强烈的反应。美国人的意见分歧是许多日本人预见到的，但美国人能在刹那间空前团结，却出乎大多数日本人，包括山本五十六本人和天皇的意料。

No.3 美军轰炸东京

　　1942年元旦，日本各大报纸扩大版面，刊登奇袭珍珠港等战地的巨幅照片，宣布自去年12月8日开战以来，不过二十几天，"皇军"便以惊人的速度取得了辉煌的战果。

正当日本朝野沉浸于"胜利"的自我陶醉之际，1月14日，在太平洋彼岸的华盛顿发表了一个反轴心联合国家宣言。由罗斯福和英国首相丘吉尔签字，中国驻美大使宋子文、苏联驻美大使也在宣言上签字。第二天，澳大利亚、比利时、加拿大、荷兰等国也分别在宣言上签字。最后，参加国达到26个国家，此时，日本已成为众矢之的。

美国为了挽回太平洋战争初期的不利局面，牵制日军的进攻，决定对日本偷袭珍珠港进行报复。他们决定不惜一切牺牲，制订一个和奇袭珍珠港一样大胆的作战计划。

而这第一步，就是奇袭日本本土，而且是日本帝国的巢穴——东京。

1942年1月末，美国海军作战部部长金上将和海军参谋们周密研究了空袭日本本土的方案。该方案决定派出航母秘密前往日本海域，然后再由B-25轰炸机从航母起飞，轰炸东京等城市，然后返程降落在中国浙江、江西的空军基地，而航母则在B-25离舰后立刻返航。

从太平洋上的航母起飞，对相隔1,000公里之遥的东京进行轰炸，然后再飞越黄海东海到达中国境内，而且途中随时有被日军发现并围攻的危险，这个方案在当时来说，是战争史上从未有过的创举——或者叫冒险。这个任务的率领者是航空队第一流飞行员、飞行速度世界纪录保持者詹姆斯·杜立特尔中校，而一开始，他就明白这可能是一场有去无回的赌博。

1942年4月18日早晨，美国第20机动部队司令官威廉·哈尔西中将率领由"企业"号和"大黄蜂"号航空母舰、4艘巡洋舰、8艘驱逐舰等编成的特混舰队，全速向日本本土方向驶去。"大黄蜂"号航母

▲ 美军飞行员聚集在"大黄蜂"号航母上等待轰炸东京的命令。

搭载着 16 架改装的双引擎陆基 B－25 重型轰炸机去执行轰炸任务，飞行驾驶员共 80 人，由杜利特尔率领，去完成一项震惊世界的空袭任务。

这是一次绝密的军事行动。除了少数人外，连舰上的工作人员都不知道详细的任务。

上午 6 时 30 分，日本太平洋沿岸担任警戒任务的渔船在距离东京 600 公里的犬吠崎，发现向西南方向飞去的美国侦察机，渔船随即向国内报告："看见敌人飞机 3 架向西南飞去。"

日本海军军令部和联合舰队司令部在接到电报后，又收到其他舰艇发来的电报。

"肯定是美军的航空母舰编队！"日本防卫指挥部判断。

在得知被日军舰艇发现后，美国机动部队异常紧张。杜立德飞行队原预定在夜间袭击日本，此时已被发现，不得不改变计划，当机立断，改在白天空袭日本本土。但是此时出发，

▼罗斯福总统在国会上正式向日本宣战。

▲美国年轻人纷纷宣誓参军，保卫祖国。

B－25将没有足够的燃油飞到中国，他们很可能会坠毁在黄海的海面上，消失在碧波之中。但是所有80名将士都毅然决定继续参加攻击，他们留下遗书，相互赠别，整齐地排列在甲板上等待起飞。

在轰炸机起飞前，哈尔西等数名军官把日本赠送的勋章交给飞行员，说："到东京上空，把这些东西如数退给那帮该死的日本人！" 16架B－25起飞后，直扑东京、名古屋、横须贺、神户等城市而去。

上午7时25分，杜利特尔中校驾驶的第一号飞机，首先从距离东京约1,000公里的地方起飞，随后，16架飞机陆续起飞，超低空飞行，驶向日本。其中，12架飞临东京，1架飞往横须贺、横滨，2架飞往名古屋，1架飞往神户。这些飞机起飞后，特遣舰队立刻调转方向，全速向东方返航。

日本方面犯了和珍珠港遭袭前美军同样的错误，接到报警电报后，日本海军部反应迟钝，一直没有发出警报，而担任本土防御任务的防卫总司令部和东部军防卫司令部也没有发出警戒警报。第17飞行团曾派出战斗机在4,000米至5,000米的高空警戒，但由于美军是超低空飞行，所以没有被日机发现。

和美军此前的错误一样，日本东部军司令部也收到过防空监视哨所的报告，说发现敌人大型飞机，但是他们也一样置之不理。

此时，美军的战机已飞临城市上空。开战以来，日本国民每天都叫嚷着"胜利了"、"胜利了"，可是，现在美军却在以牙还牙，把重磅炸弹也投到了他们的头顶上，此时，他们才实际感受到了战争残酷的滋味。

12时15分，东京上空突然出现了美国大型轰炸机，第一颗500磅炸弹已经投下来。

　　轰炸是在中午工作人员下班的时候进行的。500 磅炸弹一枚接一枚地呼啸着落下，按既定计划击中了主要目标。钢铁厂内顿时浓烟滚滚，东京南面的海军造船厂也遭受重创，一艘潜水艇和一艘巡洋舰被炸毁。当飞机掠过东京市时，惊得目瞪口呆的日本民众都站在那里翘望，根本想不到要躲闪。

　　鱼贯而入的美军轰炸机投弹后迅速返航。由于临时改变计划，许多 B－25 携带的燃油不够抵达中国境内，一些飞机坠入了大海之中，还有一些紧急降落在中国的日本占领区内，被日军俘获。但是还是有不少美机在下午 3 时左右平安地回到中国空军基地。

　　这次空袭，美军有意将日本皇宫划入轰炸目标之外，在杜立德飞行队出发之前，美国罗斯福总统还再三叮嘱不能轰炸天皇的宫殿。美机虽然飞临日本皇宫上空，但没有投弹。不过天皇夫妇及其子女依然仓皇地逃到防空洞去，体味了战争的恐怖滋味。

　　这次轰炸的战果甚微，据统计，东京市共死亡 39 人，伤 307 人，其他城市也略有损伤，但是，轰炸给日本人的心理打击却是巨大的。美军以牙还牙，用几乎一模一样的方式回敬了日本。

美机袭击日本这个爆炸性新闻立刻传遍了全世界，全世界爱好和平反对侵略的人无不感到欢欣鼓舞，增强了反攻必胜的信心。

对于日本，它在政治影响、心理影响和战略方面所产生的影响大得无法估计。日本军国主义者受到了当头棒喝，开始恐慌和担忧起来，日本国民的反战情绪也从此更加滋长。

但是这只是美国和世界人民还击的开始，更勇猛的反击还在后面。

日军在开战之初，在不到 6 个月的时间里，不断呈扇形向东南方向推进，确实有所向披靡之势，但是它这种凶猛的攻势很快就受到了抑制。因为珍珠港不彻底的胜利所带来的影响已逐渐显现：第一，美国政府和人民已很快从珍珠港失败的震惊中清醒，全国上下情绪激昂，形成了巨大的抗日浪潮；第二，太平洋舰队已从瘫痪中恢复，羽翼渐丰，并派遣特混舰队西出太平洋，形成对日本的巨大威胁。

1942 年 5 月 7 日，日、美海军在珊瑚海海域遭遇，爆发了世界战争史上第一次航空母舰对航空母舰的海战。经过两天的较量，双方各有损失，基本打了个平手。6 月 5 日，日美又爆发了中途岛海战，美军通过破译日军的密码，得知了日本的计划，并于 5 日 10 时 25 分，突然发动空袭，击沉了日本 4 艘航空母舰，在中途岛海战中取得了巨大胜利。中途岛之战也成了太平洋海战的转折点。从此，日海军的败势就一发而不可收拾。1942 年 8 月 8 日至 11 月 30 日，日美海军展开了瓜岛（瓜达尔卡纳尔岛）海战，日军再次遭受惨败，此后，盟军在各个战场开始大反攻，日军迭遭失利，节节败退，灭顶之日已为期不远。

1943 年 4 月 13 日，山本五十六决定到靠近瓜岛前线的肖特兰等岛屿去视察，以鼓舞那里官兵的士气。他出行的电报被美军截获并破译。4 月 18 日晨，山本一行起飞前往肖特兰岛，一个半小时后在飞临布干维尔岛西海岸上空时，10 多架美军 P－38 式战斗机突然出现，并对他的座机发动攻击，座机躲闪不及，中弹起火，坠入密林中。山本的遗骸直到 19 日黄昏才被发现。现场一片残骸，只有山本端坐在抛出的坐席上，腰间系着安全带，两手握着军刀，低垂的头向前倾着。5 月 21 日，日本大本营正式公布山本身亡的消息，同时追授他大勋位、功一级、正三位、元帅称号。6 月 5 日，在东京日比谷公园为他举行了国葬。

山本的黯然退场预示了日本帝国的命运，随着策划这一惊天偷袭行动的天才陨落，日本帝国也走上了穷途末路，灭亡已经指日可待。

图书在版编目（CIP）数据

偷袭珍珠港/二战经典战役编委会编译 . — 北京：
中国铁道出版社，2015.7（2022.1 重印）
（时刻关注）
ISBN 978-7-113-20463-1

Ⅰ.①偷… Ⅱ.①二… Ⅲ.①日军偷袭珍珠港（1941）
—通俗读物 Ⅳ.① E195.2-49

中国版本图书馆 CIP 数据核字（2015）第 117826 号

书　　名：**偷袭珍珠港**

作　　者：**二战经典战役编委会**

责任编辑：田　军　　　　　　　**电　话**：（010）51873005

编辑助理：刘建玮

装帧设计：艺海晴空

责任印制：郭向伟

出版发行：中国铁道出版社有限公司（北京市西城区右安门西街 8 号　邮编 100054）

印　　刷：永清县晔盛亚胶印有限公司

版　　次：2015 年 7 月第 1 版　　　2022 年 1 月第 3 次印刷

开　　本：787mm×1092mm　1/16　**印张**：11　**字数**：250 千字

书　　号：ISBN 978-7-113-20463-1

定　　价：39.80 元